Happy Stories

Historias para alcanzar la felicidad

Brenda Barnaby

Happy Stories

HISTORIAS PARA ALCANZAR LA FELICIDAD

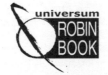

«No te des las gracias jamás. Agradece siempre a los caballos por la dicha y alegría que sientes gracias a ellos.»
Anónimo

Ilustraciones interiores: Caballos felices en libertad / Kaii

© 2012, Ediciones Robinbook, s. l., Barcelona

Diseño de cubierta: Regina Richling
Diseño interior: Barataria
Ilustración de cubierta: iStockphoto

ISBN: 978-84-9917-292-7
Depósito legal: B- 28.828-2012

Impreso por Sagrafic, Plaza Urquinaona, 14 7º 3ª, 08010 Barcelona
Impreso en España - *Printed in Spain*

*«La verdadera felicidad consiste
en el libre ejercicio de la mente.»*
Aristóteles

*«La felicidad de este mundo,
el rico botín y la recompensa eterna
están adheridas al copete del caballo.»*
Los caballos del Sahara, **General E. Daumas**

*«El que no es feliz con poco,
tampoco lo será con mucho.»*
Lao Tsé

Índice

Una resolución de la ONU

El 19 de julio de 2011 la Asamblea General de las Naciones Unidas adoptó por unanimidad una trascendente resolución. En ella insta a los estados miembros a dar los pasos necesarios para otorgar mayor importancia a la felicidad y el bienestar de sus ciudadanos, a la hora de determinar cómo alcanzar y evaluar el desarrollo económico y social.

En el texto de esa resolución la Asamblea exhorta a los países miembros «a promover medidas adicionales que resalten la importancia de la felicidad y el bienestar como un punto de vista para guiar sus políticas públicas». El documento agrega que «la búsqueda de la felicidad es un objetivo fundamental de la humanidad».

Prólogo

En la primera década de este siglo destiné casi todo mi tiempo e interés a una labor muy absorbente: escribir sin descanso una cuatrilogía en la que analizaba y explicaba los libros de la serie *El Secreto,* de Rhonda Byrne, sobre el Pensamiento Positivo y la Ley de Atracción. Mis cuatro títulos obtuvieron un sorprendente éxito de crítica y de ventas, pero una vez terminado y publicado el último, cayó de golpe sobre mí toda la tensión y la fatiga que había acumulado. Decidí entonces concederme un año sabático, con la intención de relajarme, hacer algún tranquilo viaje de descanso, ver a gente interesante, y tal vez buscar un tema digno de una nueva investigación y posible libro.

En los primeros días de esas reposadas vacaciones, mientras visitaba varias páginas web de agencias de viajes en busca de un destino atractivo, tuve una fulminante revelación. Comprendí de pronto que todo aquel plan sabático escondía un anhelo más profundo: lo que yo necesitaba era una amplia y completa revisión espiritual. Algo que me iluminara la mente para alcanzar una dimensión más diáfana, que me otorgara una clara conciencia del misterio de la vida y la forma más elevada de transitar su camino. Debía aprender a vivir sin estrés ni ansiedad, experimentando sentimientos nobles en medio de un transcurrir sereno y apacible. En suma, disfrutar de un mayor sosiego espiritual. Como me conozco pensé que de esa vivencia podría surgir un libro diferente, centrado en la difícil misión de mostrar a los demás nuevos caminos para alcanzar la auténtica felicidad.

Cambié entonces el sentido de mi búsqueda en Internet, dirigiéndola hacia los seminarios, cursos y conferencias de contenido espiritual. No me sorprendió comprobar que la gran mayoría de esos eventos tenían como referencia el hinduismo, y los dictaban o dirigían diversos gurús de cierta fama o sus discípulos más aventajados. Por supuesto los encuentros más importantes se realizaban en la propia India, y entre ellos llamó mi atención un cursillo de una semana que dictaría Swami Dayananda Saraswati, el famoso guía espiritual cuya prédica era reconocida mundialmente. Yo había leído un par de sus libros, y me interesaba el enfoque de sus enseñanzas. No podía perderme la ocasión de escucharlo y hablar con él personalmente. El cursillo se celebraría en el seminario y santuario de Rikhia, en el estado de Jharkhand, que tiempo atrás Saraswati había escogido para una larga temporada de absoluto retiro espiritual. Ahora aquella institución estaba dedicada a él y era su base de operaciones, con el nombre de Rikhiapeeth*.

Regresé entonces a la búsqueda en agencias de turismo, donde me enteré de que Rikhia estaba a un paso de la ciudad de Deoghar, un importante centro de peregrinación religiosa con fabulosos templos y numerosas fiestas ceremoniales dedicadas a los dioses hindúes. Tampoco estaba muy lejos el Ganges, el río sagrado creado por Brahma con el sudor de otro dios, Shivah, y del que se creía que bañándose en él se

---

* *Peeth significa templo de oración y meditación. El de Rikhia es uno de los numerosos peeths que se encuentran en diversas ciudades de la India.*

redimían los pecados. La idea de aquel río milagroso había poblado desde niña mis ensueños de misticismo y aventura, por lo que era para mí inevitable el deseo de llegar a contemplarlo y, por las dudas, introducirme en sus aguas.

Mas un momento después, todavía frente al ordenador, me asaltaron las dudas: ¿Valdría la pena emprender esa complicada andanza? ¿No sería otro ensueño infantil, una ocurrencia caprichosa de la niña que a veces sigo siendo? ¿Y si Saraswati, que ya frisaba los 80 años, sufría demencia senil y sólo decía tonterías? ¿O si el Ganges era un río sucio y maloliente al que me daría asco aproximarme? Todo eso era posible, pensé, mejor te vas a las Bahamas a tumbarte al sol leyendo un buen libro y sorbiendo un daiquiri. Imaginé esa plácida escena y debí reconocer que no me abriría ningún camino espiritual. Me concedí diez minutos de reflexión y volví al ordenador. La web, siempre tan servicial, encontró el vuelo apropiado, me vendió el billete desde su nube virtual, me proporcionó el impreso de inscripción en el cursillo de Rikhiapeeth, que se ocupó de enviar a su destino, y reservó una habitación en el mejor hotel de Deohgar. Ya podía desvariar Saraswaki o secarse totalmente el curso del Ganges. Mi suerte estaba echada y no había forma de volverme atrás.

Ahorraré a los lectores las peripecias del largo vuelo hasta Calcuta, seguido de otro de una aerolínea local al aeropuerto de Patna, y de allí un recorrido de 280 km en el autocar que me llevó a Deohgar con mis maletas amarradas al techo. El curso comenzaría al día siguiente, pero decidí no perder tiempo. Cogí un taxi hasta Rikhiapeeth, donde me presenté como escritora y pedí una entrevista con el Swami Dayananda. Me atendió un monje muy joven que me guió a lo largo de un corredor hasta detenerse ante un cortinado carmesí que ocultaba una puerta de estilo oriental, sin batientes. Mi cicerone apartó la cortina con un grácil ademán y siempre callado me indicó con la otra mano que pasara. Entonces comprendí que la extraña sensación que percibía en los oídos era el silencio. El absoluto silencio que reinaba en todo aquel recinto, haciéndolo más irreal e intemporal.

El anciano gurú estaba sentado sobre una especie de escabel muy bajo, cuyas cortas patas no le impedían adoptar la posición de «flor de loto», con las piernas entrecruzadas y las manos hacia abajo, con el pulgar y el índice formando un círculo. Se cubría con un simple manto de un color rosa desleído y llevaba un turbante muy sencillo, del que brotaban unos largos cabellos canos. Lucía una barba aún más larga, también totalmente blanca. Sus ojos parecían atravesarme sin verme, y permaneció mudo e inmóvil durante un buen rato después de mi llegada. Pensé en alguna forma de saludo que resultara correcta y respetuosa, pero renuncié a ella cuando el gurú me indicó con un gesto que tomara asiento en unos cojines que había frente a él. Yo vestía una falda hasta la rodilla bastante ceñida, por lo que renuncié a intentar la flor de loto. Tras una vacilación, me senté directamente sobre una nalga y apoyé al otro lado las piernas recogidas, como la sirenita de Copenhagen. El Swami sonrió y meneó levemente la cabeza.

—¿Tú eres americana? —preguntó en perfecto inglés.

—Británica, maestro —respondí—. Desde que me casé vivo en West Sussex con mi esposo y mis hijos…

—De acuerdo, no es necesario que me cuentes tu biografía —dijo él con una chispa de picardía en los ojos—. Lo que me interesa es que eres occidental, has conocido a mucha gente, investigas los poderes ocultos del cerebro, y recopilas historias que muestran el poder de la mente. E incluso has escrito un libro con algunas de ellas.

—Sí… —alcancé a balbucear.

Al ver mi desconcierto se inclinó hacia mí y me tomó las manos con una nueva sonrisa.

—No temas, no soy uno de esos brujos adivinos. ¿Has visto a ese joven monje que te trajo hasta aquí? —asentí con la cabeza, demasiado aturdida para poder hablar. Saraswati prosiguió—: Pues bien, él ha leído en inglés algunos de tus libros en la biblioteca del Instituto Británico de Calcuta. Cuando supimos que vendrías me ha informado de quién eras y qué hacías. Y entonces yo concebí un plan.

—¿Un plan, Swami?

—Así es, y muy sencillo de llevar a cabo.

Guardó silencio a la espera de una pregunta por mi parte, que no llegué a formular. Entonces Saraswati carraspeó, desenredó sus pies, estiró las piernas, y luego adoptó una postura más descansada, parecida a la mía. Pensé que sus huesos le estaban pasando factura por tantos años de flor de loto, y por primera vez pude mirarlo como un ser humano. Excepcional sin duda, pero humano.

—Voy a explicarte cuál es mi interés —anunció él.

—Lo escucho, maestro —dije yo, acomodándome también sobre mis cojines.

Lo cierto es que no cabía en mí de expectación. Mantenía una entrevista privada con Swami Dayananda Saraswati, el mayor maestro vivo del Advayta Vedante y el Ayurveda, que me iba a proponer algún tipo de plan que deberíamos cumplir entre ambos. Era casi increíble y absolutamente emocionante.

Saraswati permaneció un largo momento con las manos unidas y la mirada vacía. Luego sus ojos se iluminaron y se volvieron hacia mí. Inició entonces un monólogo que no me atreví a interrumpir:

—He pasado más de seis décadas aprendiendo y enseñando el Vedanta Advaita, el Bhagavad Gita, y el camino de los Upanishad. Recorrí toda la India, que es más grande que el mundo, una y otra vez. Prediqué en los templos de las grandes ciudades y en las plazas de las aldeas más pequeñas y humildes. Las gentes se reunían para escucharme, cada vez en mayor número, hasta que llegué a formar miles de discípulos y seguidores. Ellos llevaron mis enseñanzas por todas partes, incluso a las naciones de Occidente. Poco a poco me fueron invitando a ir allá para recibir las lecciones de mis propios labios. Hoy hay en esas tierras centros y escuelas que practican y transmiten mis enseñanzas, yo viajo con frecuencia a dar conferencias y cursillos, y cada vez más adeptos de Europa y América vienen a Rikhiapeeth para asistir a los eventos que se organizan aquí.

El anciano gurú hizo una pausa para tomar aliento. Aproveché ese momento para aportar algo más a su inesperado elogio de sí mismo:

—Y sus libros son superventas, y se traducen a numerosos idiomas —apunté.

—Ese es el problema —suspiró él—. Cada vez más personas occidentales asisten a mis conferencias o siguen los cursos de Vedanta. E incluso he tenido que consagrar a maestros no indios. Americanos, sudamericanos, holandeses, belgas, o ingleses como tú, Brenda…

–Yo no aspiro a ser gurú, Swami –me apresuré a aclarar.

–Lo sé, lo sé… –asintió él–. Tú aspiras a la felicidad.

Me quedé de piedra. Saraswati no podía saber que lo que me había llevado allí era mi esperanza de ser feliz. Sin embargo lo sabía. No pudo decírselo su discípulo adolescente, porque yo no lo había expresado aún en ninguno de mis libros. En realidad, todo lo que había escrito era anterior a la revelación de ese anhelo en mi conciencia.

–Tu persona emana una lucha interior por librarte de *Maia* –continuó el gurú–. Ya sabes, la realidad, el tiempo, los otros, quimeras que te aprisionan y te impiden conocer lo más profundo de ti misma… Tal vez yo pueda ayudarte, si tú me ayudas.

–¿Ese es… el plan? –pregunté con un hilo de voz.

– Ese es el plan –me confirmó.

–Pero… ¿cómo podría yo ayudar a un hombre tan sabio, Swami?

–No se trata de sabiduría, sino de información –dijo él–. Mira, formar a los occidentales siempre me ha resultado más difícil que a los hindúes. Conozco a mi gente, he compartido su vida, sé lo que les preocupa y lo que les alegra, lo que suelen hacer cada día, y los miedos y obstáculos que deben superar para seguir el camino del autoconocimiento. No puedo decir lo mismo de vosotros, los occidentales. No alcanzo a comprender ciertas claves; sé poco sobre vuestra vida cotidiana y los motivos de vuestra conducta; vuestros temores y prejuicios; vuestras tradiciones; y lo que entendéis por felicidad –hizo una pausa, suspiró, y alzó la mirada, como buscando las palabras adecuadas–. Sé que he instruido buenos maestros de aquellos países, que hoy difunden doctamente mis enseñanzas. Pero cada uno de ellos me exigió cinco veces más esfuerzo mental y espiritual que formar un buen gurú de aquí, de la India. A veces no logro comprender vuestra forma de ver el mundo y la vida; la carencia de interés por la auténtica felicidad espiritual.

—Ese es el punto, Swami —acepté.

—El camino es siempre el mismo, Brenda, pero los obstáculos son diferentes.

Convinimos en que durante los diez días que yo permanecería en Rikhiapeeth nos reuniríamos un par de horas todas las tardes, después de las clases formales del curso. Saraswati me daría lecciones personalizadas y consejos para guiarme en el camino del conocimiento profundo de mí misma, dándome instrumentos para elevarme a un plano de felicidad espiritual. Yo no le daría lecciones, obviamente, pero él deseaba que le contara historias sobre diversos casos de búsqueda de la felicidad. Las fuentes tenían que ser occidentales, relatos y testimonios que por diversas razones no había incluido en mi último libro*, pese a ser tan buenos o mejores que los publicados.

De modo que Saraswati y yo trabajamos duro durante aquellas sesiones. Él porque comprender las circunstancias del relato escogido a menudo le requería una compleja labor intelectual; yo porque sus lecciones individuales me exigían una alta capacidad de comprensión y de memoria. A veces me sentía como Scherezade, la princesa de *Las mil y una noches*, que para conservar su vida cada una de esas noches le cuenta

---

* **Barnaby, B.** *Historias de El Secreto*. Robinbook, Barcelona, 2010

un cuento al sultán Schariar. Yo no corría el peligro de que Saraswati me mandara ejecutar, pero sabía que me jugaba algo tan importante como la vida: el milagro de encontrar la verdadera felicidad.

Swami Dayananda Saraswati murió el 5 de diciembre de 2009 en su santuario de Rikhiapeeth, a los 80 años de edad. La noticia me golpeó como un puñetazo y me produjo un vacío en el pecho que nunca podré llenar totalmente. Sentí que debía rendirle algún tipo de homenaje, al maestro, a sus enseñanzas y a los días milagrosos en los que habíamos trabajado juntos. No tuve que darle demasiadas vueltas para ver cuál sería la mejor ofrenda a su memoria. Aunque nuestro plan había sido de algún modo un secreto compartido, decidí romper ese pacto tácito y difundir el contenido de aquellas sesiones que sólo yo conocía. Me propuse divulgar mis historias ejemplares de gente que había llegado a obtener la felicidad, ordenándolas de forma que pautaran una suerte de pasos en el camino para llegar a ella. Incluí asimismo un resumen de los pensamientos y comentarios sobre cada relato, según lo que había aprendido del swami. Sería como si él continuara vivo, en unas eternas mil y una noches de verdadera felicidad espiritual.

La tarea de preparar el material no fue muy complicada. Me propuse presentar los relatos agrupados según las siete condiciones imprescindibles que me había planteado el Swami:

I. Lo esencial

O sea establecer y mantener las virtudes que consideramos la pura esencia de la felicidad.

II. La bondad

Es decir actuar bien con los demás y sus circunstancias en todos los aspectos de la vida.

III. La sabiduría

Valorar la felicidad que ya tenemos y saber disfrutar de ella, sin pensar que no podremos aumentarla.

IV. La generosidad

Socorrer a los necesitados y auxiliarlos en su búsqueda de la felicidad.

V. La humildad

Comprender y disculpar los errores de los otros y de nosotros mismos, con el fin de recuperar la búsqueda de la felicidad.

VI. El discernimiento

No apresurarse a criticar o censurar la conducta de otros, sin pruebas consistentes de que han actuado mal.

VII. El ingenio

Emplear nuestra inteligencia e imaginación para encontrar momentos felices o superar obstáculos hacia la felicidad.

Clasifiqué las historias que había escogido según estos puntos clave y agregué otras narraciones y testimonios que me parecieron pertinentes. Luego hice algunos retoques, en su mayoría formales, y busqué citas de personajes importantes, que de algún modo se relacionaran con los temas tratados, y las incluí para introducir cada apartado. Además, en el libro he añadido las imágenes de un hermoso caballo entre brumosos paisajes, alegoría de la felicidad que fabrica ilusiones, un sueño que puedes degustar por instantes y que aparece ante ti de forma efímera, libre y salvaje, cuando menos lo esperas. A mi editor le interesó la idea, y el resultado es este libro que tienes en tus manos.

Introducción

«He cometido el peor pecado que se puede cometer. No he sido feliz.»

Jorge Luis Borges

Desde los comienzos de la historia la felicidad ha sido un tema capital de los grandes pensadores, y la máxima aspiración de todos los seres humanos. El problema es que nadie sabe exactamente de qué se trata ni cómo se consigue. Podemos darle ese nombre a la alegría o al placer, y es cierto que ambos nos proporcionan «momentos felices» pero no la auténtica felicidad, que es un estado esencial de la existencia. Para tener una idea de lo que buscamos cuando decimos que buscamos la felicidad, conviene hacer un repaso de los diferentes puntos de vista que han intentado definirla y encontrarla:

La felicidad en la filosofía académica

En la filosofía clásica se denominó «eudemonismo» al conjunto de teorías que sitúan la búsqueda de la felicidad como el fin principal en la vida. En ese marco encontramos varias posiciones básicas sobre el tema:

Aristóteles sostiene en su *Ética* que la felicidad es el bien supremo, y consiste en alcanzar el mayor desarrollo de las virtudes del ser humano, disfrutando en forma moderada de los placeres. Para él la felicidad es identificable con las mejores actividades del ser humano, pero el problema es saber cuáles son esas «mejores actividades», que han sido identificadas con la virtud, la sabiduría, o incluso con la prosperidad. De todas formas, el filósofo estagirita no deja de advertir la conveniencia de un disfrute moderado de los placeres terrenales.

Sócrates, cuyo pensamiento expresa Platón en sus *Diálogos*, advierte que para ser felices no debemos dejarnos influir demasiado por los demás y confiar más en nosotros mismos. Es decir, confía en lo que hoy llamamos «autoestima» como condición necesaria para ser feliz. Esa condición se opone a la tendencia a seguir las opiniones dominantes sin someterlas a un juicio propio e independiente. En suma, para el llamado «Padre de la filosofía» el seguir un criterio propio y sin influencias externas es un componente importante de la felicidad.

Zenón de Zitio, fundador del *estoicismo,* entiende que ser feliz es ser autosuficiente, sin depender de nada ni de nadie. Propugna un racionalismo extremo como recurso para ser feliz: llevar una vida absolutamente racional, indiferente a las pasiones, al dolor y al placer.

Epicuro, creador del *hedonismo*, se centra en la búsqueda y disfrute temperado del placer físico e intelectual, con la prevención de que la riqueza, la disipación y otros bienes y placeres crean dependencia. El hombre que tiene posesiones importantes o goza de una situación placentera, vive preocupado por mantener esos atributos, y esa preocupación le impide ser feliz. Así pues el filósofo de Samos aconseja un disfrute templado de goces disponibles, en lo posible compartido en un selecto círculo de amistades. Su camino para obtener la felicidad podría definirse en tres puntos: «Amistad, Libertad y Conocimiento».

Séneca, el más popular filósofo de la antigua Roma, tutor y consejero de Nerón, afirma que para ser feliz es imprescindible eliminar la cólera, negando que sea una emoción incontrolable.

Nirvana: la felicidad suprema

En la filosofía oriental, más espiritual y mística que la de Occidente, la felicidad no tiene relación con la realidad externa sino con la conciencia interior del individuo. Para la mayor parte de sus doctrinas religiosas no debemos proponernos nada extraordinario en busca de la felicidad. Ésta es una esencia intangible que forma parte de nuestro ser al nacer y podemos hacer fluir desde nuestra conciencia, entre otros modos por medio de la oración, el yoga y los ejercicios de meditación y elevación espiritual.

Para el budismo la felicidad absoluta se alcanza con el *Nirvana*, un estado existencial perfecto que proporciona serenidad, alegría y salud eternas, así como el dominio de la percepción extrasensorial y el conocimiento de la realidad suprema. Al haber vencido a la enfermedad y la muerte, el individuo queda liberado de la obligación de reencarnarse. Buda describió ese estado de excelsitud, pero no dejó una guía para alcanzarlo, porque cada cual debe encontrar y recorrer su propio camino.

Propone vencerla por la inteligencia y la reflexión. Para él dominar la ira era una cuestión tan fundamental que llegó a dedicarle todo un libro (*De la ira*, 41 d.C.) en el que en forma de diálogo refuta la idea de que sea una pasión más fuerte que la voluntad y el control intelectual de las emociones. Desde luego, Séneca considera al talante irascible el mayor obstáculo para alcanzar la felicidad.

Nietzsche sostiene que la felicidad es un incremento de la fuerza vital, que permite vencer los obstáculos que nos impiden realizarnos en plenitud. En su filosofía, todo logro valioso en la vida proviene de la experiencia de haber superado muchas dificultades gracias a esa energía vital. Influido quizá por el espíritu de su época (1844 – 1900), considera a la religión y al alcohol como evidencias de la debilidad humana y por tanto poderosos enemigos de la felicidad.

Schopenhauer encabezó el pesimismo escéptico, la primera corriente en cuestionar la esencia misma de la felicidad. Llegó a afirmar que «Para millones y millones de seres humanos el verdadero infierno es la Tierra», aunque rescata al amor como el mayor bien en la experiencia humana.

Un humor feliz

Esa resignada desconfianza hacia la felicidad ha motivado también muestras de humor irónico, como el del cómico Groucho Marx cuando afirma que «la felicidad está hecha de pequeñas cosas: un pequeño yate, una pequeña mansión, una pequeña fortuna…». Su colega Woody Allen sostiene que «la única manera de ser feliz es que te guste sufrir»; y el autor francés Jules Renard aconsejaba: «Si el dinero no te da la felicidad, devuélvelo». O volviendo al inefable Groucho: «Hay muchas cosas en la vida mas importantes que el dinero… ¡Pero son tan caras!»

Personalmente debo admitir que esas teorías no me parecen tan distintas, sino hasta cierto punto complementarias. En todo caso fue la ética de Aristóteles la que tuvo y mantuvo mayor predicamento en la historia del pensamiento occidental. Su visión de la felicidad como «fin supremo» de la existencia humana, fue asumida asimismo por filósofos como Descartes, Spinoza, Rousseau o Kant, por citar sólo algunos.

La felicidad en la tradición popular

A lo largo del tiempo la sabiduría popular ha ido acumulando experiencias, intuiciones y suposiciones sobre en qué consiste la felicidad y cómo alcanzarla. Quizá para la mayoría de la gente sus tres componentes esenciales son los del título del vals *Salud, dinero y amor*, un verdadero éxito musical al promediar el siglo pasado. Desde luego esos tres factores son muy importantes, pero se refieren a lo que se suele denominar «posición afortunada» o «buena vida», y no a un sentimiento de felicidad plena, profunda, y duradera.

Otra creencia tradicional sostiene que no es posible alcanzar la felicidad sin una ayuda externa; una especie de milagro o golpe de suerte que cambie súbitamente nuestra situación. Hay quienes esperan esa transfiguración por la intervención de mediadores místicos, religiosos, mágicos, u otros agentes sobrenaturales. Pero la mayoría deposita su ilusión de felicidad en causas más terrenales y concretas, como los juegos de azar, una herencia inesperada, un amor correspondido, un hallazgo muy valioso (dinero, joyas, valores, etc.), o el súbito alcance de éxito y poder en un ámbito determinado. Son situaciones posibles pero improbables y de cualquier forma imperfectas, porque aluden a una satisfacción material, a un afecto mutuo, o al disfrute de una situación desahogada, que siempre pueden esfumarse con la misma celeridad con que aparecieron.

Otra tradición muy enraizada en la filosofía popular es oponer la felicidad al dinero, expresada en la tajante sentencia «el dinero no hace la felicidad», o en la antigua historia del hombre feliz que no tenía camisa. Es también frecuente pensar que la felicidad consiste en no intentar sobresalir del común de la gente, mantener una vida personal y familiar tranquila, y conformarnos con lo que hacemos y tenemos; ya que, según registra la acertada sentencia de Simone de Beauvoir, «las personas felices no tienen historia».

La felicidad y el Pensamiento Positivo

En las últimas décadas del siglo XIX surgieron diversos movimientos que propugnaban alcanzar la felicidad en forma rápida y total. En general sus propulsores renovaron o combinaron fórmulas heterodoxas tradicionales, como el Pensamiento Positivo, la Ley de la Atracción, la autoayuda, la sabiduría ancestral, las fuerzas del universo y otras similares, a menudo combinadas con un componente religioso. Algunos se basaron en los avances de ciencias como la física, la neurología o la astronomía, mientras otros, por el contrario, incluyeron discretas dosis de hermetismo y esoterismo. En resumen, una vasta oferta de métodos para alcanzar la felicidad y cumplir los mayores deseos según nuestra voluntad, al margen del azar, sin mayor esfuerzo, y en forma más o menos inmediata.

Tras varios años de gran auge estas propuestas alternativas fueron perdiendo interés, hasta que en 2006 se produjo un nuevo fenómeno. Su promotora fue la australiana Rhonda Byrne, que reunió una serie de autores, *coachers* de autoayuda, ministros de varias iglesias, monitores espirituales, editores, consejeros empresariales, y otros expertos, agrupando sus opiniones y la suya propia en un video y un libro que tituló *El Secreto*. Como se sabe, su éxito fue tan inesperado como masivo, y se convirtió en uno de los mayores superventas de este naciente siglo XXI. La idea clave consiste en sostener la existencia de una Ley de la Atracción del Universo, que supone una relación directa entre la mente humana y un poder cósmico que nos devuelve nuestros pensamientos hechos realidad en nuestras vidas. Según *El Secreto*, el infortunio se produce por acumulación y reiteración de pensamientos negativos. Cualquier persona puede alcanzar la felicidad si consigue limpiar su mente de esos pensamientos perniciosos,

El caso Steve Jobs

Steve Jobs, el talentoso creador de sistemas informáticos y fundador de Apple Inc., empresa pionera en ese campo, falleció el 5 de octubre de 2011 a los 56 años, víctima de un cáncer generalizado. La noticia produjo una ola mundial de consternación, al tiempo que levantaba interrogantes y polémicas sobre las verdaderas causas de su muerte. La información sobre sus últimos años es un tanto nebulosa, pero se sabe que en 2003 se le diagnosticó un tumor de páncreas, al parecer causado por una rara variedad de células malignas más vulnerables al tratamiento médico habitual. No obstante

Jobs rechazó someterse a la quimioterapia y eventual cirugía para reducir el foco canceroso, y optó por una cura basada en medicinas alternativas, acompañadas por meditación espiritual, una dieta naturista, hierbas, estupefacientes, y otros recursos heterodoxos.

Pese a que los médicos le habían pronosticado no más de dos años de vida si no aceptaba el tratamiento establecido, Jobs sobrevivió nueve años más. Finalmente acabó regresando a la medicina ortodoxa, pero demasiado tarde: Las metástasis se habían extendido a casi todo el organismo, y ya no se pudo hacer nada para prolongar su vida. Los medios sensacionalistas hablaron de «trágico error» o «incomprensible ingenuidad» para calificar la opción de Steve Jobs. Otras opiniones y testimonios también desaprobaban esa opción, aunque en tono más discreto, y algunas llegaban a preguntarse si la prolongada sobrevida de Jobs podía deberse al tratamiento alternativo. Y es posible que sus pensamientos positivos le facilitaran el sentirse feliz hasta el final.

y reemplazarlos por otros positivos que expresen el cumplimiento de sus deseos. Entonces el Universo se encargará de transmutar esos anhelos de felicidad a la vida real.

Atraída por el enfoque que exponían Byrne y sus colaboradores, me dediqué a escribir cuatro libros que analizaban y completaban esas ideas. En aquellos años *El Secreto* estaba de moda en prácticamente todo el mundo, y recibí numerosos mensajes de los lectores. La mayoría eran comentarios más o menos elogiosos, pero hubo también opiniones que criticaban o rechazaban las ideas heterodoxas que yo sostenía. El principal blanco de esas opiniones críticas era el Pensamiento Positivo, aceptado por millones de personas como una panacea universal para ser feliz. Ya en 2009 un lector me envió un artículo publicado en la revista *Psychological Science*, que describía un estudio sobre el efecto del Pensamiento Positivo en sujetos depresivos. Esa experiencia, llevada a cabo en la Universidad de Waterloo, Canadá, bajo la dirección de la Dra. Joanne Wood, se realizó con dos grupos de voluntarios: uno de individuos con historial de depresión y ánimo negativo, y otro grupo de control formado por personas optimistas con un buen nivel de autoestima. Se pidió a cada grupo que repitiera mentalmente durante cuatro minutos la frase «soy una persona apreciable». Las conclusiones fueron sorprendentes: Las personas de baja autoestima dijeron sentirse *peor* después de la prueba, mientras que las del grupo de control no percibieron cambios o sólo sintieron un ligero ascenso en la opinión favorable que ya tenían de sí mismas. Estos resultados fueron confirmados por varios estudios posteriores, en especial los realizados por el Departamento de Psicología de la Universidad Estatal de Arizona, y el de un equipo multidisciplinario de la Universidad de California.

No hizo falta mucho tiempo para que el cuestionamiento del Pensamiento positivo saltara de la reserva de los claustros académicos a los medios de información general, y a través de ellos, al gran público. En 2011 la escritora y activista social estadounidense Brenda Ehrenreich, publicó un libro con el título bastante irónico de *Smile or Die* (Sonríe o muere). A seguir agregaba un subtítulo declaradamente combativo: *How the Positive Thinking Fooled America and the*

World (Cómo el pensamiento positivo engaña a América y al Mundo)*

La controvertida actitud de Steve Jobs echó más leña al fuego encendido por la denuncia de Eherenreich. Surgió entonces una intensa polémica entre los racionalistas escépticos a ultranza que rechazaban esa actitud existencial, y quienes entonces defendíamos los beneficios del Pensamiento Positivo, que aunque no curara el cáncer ni nos hiciera millonarios, podía ayudarnos a sentirnos mejor, evitar sufrimientos banales y alimentar esperanzas.

Tras el éxito de *Smile or Die*, han entrado en liza otros académicos que hasta hace poco se negaban a considerar a la Ley de Atracción como tema de estudio. Varios trabajos apuntaron al flanco más débil de la felicidad alternativa: la existencia de un Poder del Universo capaz de «leer» los pensamientos humanos y responder a cada persona según su actitud mental y emocional. Para la física cuántica y la teoría de las cuerdas, este Universo «real» que observan los astrónomos con sus telescopios no es necesariamente *todo* el Cosmos. Es posible que existan muchos universos superpuestos cuya cantidad puede ser casi infinita, y el número de dimensiones probables desconocido. Los escépticos se aferran a esa descripción de un «multiverso», y no sin ironía plantean preguntas como éstas: ¿A qué Universo dirige la mente su mensaje? ¿Qué planeta, asteroide, estrella, galaxia o nebulosa se encarga de responder y desde dónde? Algunos teólogos proponen una explicación muy antigua y muy simple: reemplazar a la Creación por su Creador. Es decir, la Fuerza del Universo

*Versión en español: *Sonríe o muere. La trampa del Pensamiento Positivo* (Turner, Madrid, 2011).

sería una transposición del poder omnímodo de Dios, y los mensajes que enviamos serían las oraciones que desde siempre han elevado al Cielo los creyentes de todas las religiones.

Existe también otra posibilidad científica, que en todo caso no va más allá de nuestro sistema planetario. El Sol emite constantemente ondas electromagnéticas que transportan un plasma de partículas elementales, que al acercarse a nuestro planeta son contrarrestadas por la magnetosfera terrestre. Pero no todas. Algunas pueden evitar esa barrera e introducirse en la atmosfera. ¿Contendrían esas partículas los mensajes que nos envía el Universo? Aún aceptando tal especulación, el intercambio sería imposible, porque no hay prueba alguna de que la Tierra emita ondas electromagnéticas hacia el Sol.

La felicidad y yo

Siempre me he considerado una investigadora seria y honesta, que sólo analiza y difunde aquello que ha comprobado por estudios propios y ajenos. He mantenido esa actitud en mis trabajos sobre la Ley de Atracción y el Pensamiento Positivo, temas a los que adherí sinceramente aunque con espíritu crítico. Esa adhesión estuvo motivada en gran medida por la autorizada opinión de los numerosos y reconocidos expertos convocados por Rhonda Byrne, y los testimonios que había reunido en mis propias investigaciones. Sin embargo no puedo negar que las recientes manifestaciones de investigadores y autores escépticos, me alertaron sobre el posible riesgo de aconsejar recursos alternativos para obtener la felicidad.

Me dediqué entonces a revisar y contrastar los materiales con los que había trabajado, más todos los que pude consultar

La hormona de la felicidad

Nuestro cerebro posee la capacidad de producir endorfinas, un péptido opioide que los propios endocrinólogos han bautizado como «la hormona de la felicidad». Esta secreción glandular es producida por el hipotálamo, y su mayor o menor presencia en sangre regula nuestro estado de ánimo. Las endorfinas actúan como euforizantes y analgésicos. En cantidades apropiadas de endorfinas experimentamos, aun en momentos difíciles, sentimientos de serenidad, alegría, dicha, y satisfacción con nosotros mismos.

Las endorfinas son hormonas endógenas, que sólo elabora el propio organismo. Es posible estimular su producción haciendo gimnasia, escuchando música agradable, repasando buenos recuerdos, recibiendo masajes o practicando ejercicios de yoga. En la alimentación, son muy favorables la soja, el chocolate, el plátano, la miel, y en general una dieta rica en cereales, verduras y frutas.

de la posición escéptica. Las discrepancias eran obvias, pero encontré una idea en la que parecían coincidir ambos bandos: la hipótesis de que nuestro cerebro sólo utiliza entre un 10 a un 15% de su capacidad potencial. En el campo científico el principal investigador en este tema es el prestigioso neurobiólogo australiano Allan Snayder, director del Centro de Estudios de la Mente de la Universidad de Sydney, y autor del best seller *El hombre que confundió a su mujer con un sombrero* (1985).

En sus investigaciones Snayder se inspiró en el término francés *«idiots savants»* (en español, «idiotas sabios»). Se trata de disminuidos mentales, generalmente autistas con el sindrome de Asperberg, que no obstante poseen una capacidad extraordinaria en determinados campos, sobre todo en las matemáticas y la memorización*. Los experimentos de Snayder consisten en restringir temporalmente en personas normales la actividad del hemisferio izquierdo dominante, dejando la mente casi exclusivamente a cargo del hemisferio derecho. Durante el tiempo que dura la prueba, los sujetos manifiestan facultades mentales tan notables como las que traen de nacimiento los «savants». Claro que alguien con el hemisferio derecho desactivado difícilmente podría llevar una vida normal.

Desde el pensamiento alternativo la mayor figura es Joseph B. Rhine, que en los años treinta del siglo pasado introdujo el término «parapsicología» para referirse a las percepciones mentales que no utilizan ninguno de los sentidos físicos, calificándolas como percepción extra sensorial (PES). Rhine fue director del departamento de Parapsicología en la Universidad de Duke, en Carolina del Norte, y fundador del *Journal of Parapsychology*, la más autorizada publicación en temas de percepción extrasensorial. En 1937 publicó el libro *New Fontiers of the Mind* (Nuevas fronteras de la mente) que marcó un camino nuevo en la investigación de las potencialidades del cerebro. Él y su esposa Louise fueron los primeros en realizar experimentos PES en laboratorio, estableciendo que la mente o conciencia es una entidad distinta del cerebro, activada por «algo ajeno al organismo físico».

* *Recordemos la notable interpretación de Dustin Hoffman encarnando a un* idiot savant *en el film* Rainman.

Es evidente que tanto Snayder como Rhine, y sus respectivos discípulos o seguidores, proponen la existencia de capacidades y habilidades ocultas de la mente humana que no sabemos aprovechar para mejorar nuestra vida. Volviendo al comienzo de estas reflexiones, ¿sería su utilización un camino para alcanzar la felicidad? ¿Y cómo podríamos hacerlas fluir a nuestra conciencia?

Al concluir mi trabajo tenía algunos datos interesantes que provenían de distintas fuentes: la filosofía, la cultura popular, el pensamiento positivo, la neurología, y mis propias investigaciones. Seleccionando y combinando esas ideas y referencias, quizá fuera posible conseguir una fórmula para facilitar el alcance de la felicidad. Sean cuales sean los componentes de esa fórmula, deberíamos hacer intervenir el nivel más profundo de la conciencia, llámese alma, aliento, esencia, espíritu, o cualquier otra denominación para nuestra dimensión mental más trascendente. Y por otra parte, aplicar una serie de virtudes más cotidianas pero no siempre fáciles de ejercer. Creo que el componente principal podría ser la expansión de nuestras capacidades cerebrales, pero se trata sólo de una hipótesis que debo demostrar. Como he explicado en el prólogo, comienzo entonces por recuperar testimonios e historias que pueden inspirarnos para recorrer ese camino hacia una plena y radiante felicidad.

I
Lo esencial

*«La felicidad huye de quien la busca.
Ella viene sólo del interior.»*

Mahatma Gandhi

Presentación

El Swami me recalcó varias veces que este primer apartado era el más importante para nuestro intento de encontrar la llave de la felicidad, integrando la filosofía oriental con la cultura de Occidente. Estudioso y maestro del Vedanta, credo de la India basado en los milenarios, Saraswati buscaba reformar esa doctrina, modernizándola con elementos del pensamiento y la experiencia del mundo occidental.

Pero la modernización que proponía no significaba abandonar los principios esenciales de la tradición de los Vedas. Para él resultaba imprescindible mantener en las historias de este apartado esos principios fundamentales. Entre ellos, el conocimiento más profundo del ser, o sea el «uno mismo» sin ninguna limitación externa; la enseñanza oral de maestro a discípulo; la «prueba» o experiencia personal como comprobación del camino elegido; y otros requisitos no siempre fáciles de encontrar en relatos o testimonios occidentales.

No obstante, creemos que las historias reunidas en este apartado respetan e incluso resaltan esos principios, contando con la aprobación del propio Swami Dayananda Saraswati.

El frasco vacío
Testimonio de la autora

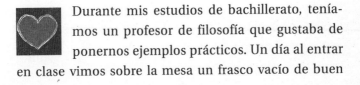 Durante mis estudios de bachillerato, teníamos un profesor de filosofía que gustaba de ponernos ejemplos prácticos. Un día al entrar en clase vimos sobre la mesa un frasco vacío de buen

tamaño con una boca bien ancha. A su lado el profesor había dispuesto cuatro cuencos más pequeños que contenían respectivamente tres trozos de piedra, unos cantos rodados, unos pequeños guijarros, y unos puñados de arena.

–Este frasco representa vuestra vida –explicó–. Y el contenido de los cuencos simboliza los distintos aspectos y actitudes que la conforman. Si conseguimos introducirlos todos dentro del frasco, nos aseguraremos una vida llena de felicidad.

Hubo cuchicheos y a alguno de los chicos se le escapó una risita, pero el «profe» impuso silencio con una sola mirada en redondo. Luego cogió en sus manos las piedras.

–Estos pedruscos aluden a los aspectos esenciales de la vida: la salud, el amor, la rectitud, la espiritualidad… –se interrumpió para poner las piedras dentro del frasco–. Vamos a colocarlos en primer término.

Luego cogió el cuenco con los cantos rodados y lo sostuvo en una mano.

–Los cantos rodados representan cualidades que son importantes: la autoestima, la amistad, la realización personal, la eficiencia en el trabajo, la cordialidad... Los colocaremos en segundo lugar.

Echó uno a uno dentro del frasco los cantos rodados, que al caer ocuparon los espacios libres entre los pedruscos. Entonces cogió los guijarros y explicó que simbolizaban las cosas que nos entretienen y amenizan la vida, como tener un hobby, reunirse con los amigos, seguir a nuestro equipo favorito, asistir al cine o al teatro…

–No son tan trascendentales –dijo–, pero nos ofrecen momentos agradables que nos ayudan a sentirnos bien. Les otorgaremos el tercer lugar.

Abrió la mano, y los guijarros se acomodaron en los espacios que dejaban los cantos rodados. El profesor alzó el cuenco que contenía los puñados de arena.

–Aquí tenemos las conductas más torpes e inconvenientes –anunció–, pero que pueden hacernos relajar cuando pasamos momentos de mucha presión. Por ejemplo beber alcohol más de la cuenta, comer en exceso, gastar sin control, apostar a juegos de azar, conducir peligrosamente, burlarnos de alguien, desatender cualquier consejo… En fin, vamos a incluir estas cosas, pero en último lugar y siempre que no se hagan una costumbre.

Volcó el contenido del cuenco en el frasco, y los granos de arena se deslizaron por los intersticios que habían dejado los otros materiales, llenando el recipiente.

–¿Veis? ¡Hemos conseguido la felicidad! –exclamó triunfal el profesor, cerrando el frasco con su tapón de corcho.

En ese momento el sabelotodo de la clase alzó la mano y se incorporó de su asiento.

–Disculpe, señor, pero su demostración tiene un truco –afirmó.

–¿Un truco?

–Sí, señor. Usted pudo haber calculado el contenido de los cuencos, de forma de asegurarse de que siempre llenara el frasco.

–¿En cualquier orden?

–Por supuesto. Los ponga como los ponga, llenarán el frasco.

–Vamos a comprobarlo –dijo el profesor.

Acto seguido extrajo del frasco los guijarros, los cantos rodados y los pedruscos, dejando la arena acumulada en el fondo.

–Ahora vamos a llenar el frasco en orden inverso –declaró–. La arena tendrá la prioridad, y el resto lo pondremos sobre ella.

Cogió los guijarros, que se amontonaron en desorden sobre la superficie de la arena; luego metió los cantos rodados, que cayeron desparramados sobre los guijarros. Finalmente colocó el primer pedrusco, ocupando casi todo el vacío que quedaba, por lo que el segundo quedó atascado en la boca del frasco. Dejó el tercer pedrusco sobre la mesa, y se dirigió a la clase.

–¡Vaya! –exclamó fingiendo asombro–; no hemos conseguido la felicidad. Para alcanzarla se necesita un orden de prioridades, como para llenar el frasco. Si otorgamos la mayor importancia a las cosas banales y desatendemos lo que es esencial en la vida, nunca seremos realmente felices.

Han pasado muchos años desde aquella clase magistral, pero siempre que debo tomar una decisión, me aseguro de mantener lleno el frasco de la felicidad.

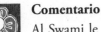

Comentario

Al Swami le interesó esta anécdota estudiantil de mi propia cosecha, y lamentó no poder conocer al profesor de filosofía, al que definió como «tu sabio maestro». En primer lugar, alabó su sabiduría al introducir matices en nuestra experiencia de vida, y agregó lo siuiente:

«Somos seres complejos, Brenda, y tenemos necesidades relacionadas con lo espiritual, un factor dominante de la felicidad. Esto no significa cumplir las obligaciones establecidas por la moral o las religiones y filosofías para alcanzar lo que llaman «paz de espíritu» sino, como sabemos, en un despojamiento interior, solitario y absoluto, que nos permita experimentar una profunda, serena, y permanente felicidad. Pero esa felicidad no depende de una opción a blanco o negro, al bien o al mal, entendidos como únicos y excluyentes. En la vida real, todas las personas tenemos distintos momentos y actitudes, incluyendo el intento de superar el estrés o la depresión con lo que tu profesor llamaba «conductas torpes e inconvenientes». Siguiendo la metáfora del frasco, a veces somos guijarros y a veces cantos rodados, e incluso arena. Pero lo importante es que coloquemos siempre en primer lugar los pedruscos, que simbolizan los aspectos esenciales y trascendentes de nuestras vidas.

La cucharilla de aceite
Relato tradicional danés

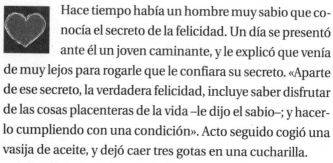 Hace tiempo había un hombre muy sabio que conocía el secreto de la felicidad. Un día se presentó ante él un joven caminante, y le explicó que venía de muy lejos para rogarle que le confiara su secreto. «Aparte de ese secreto, la verdadera felicidad, incluye saber disfrutar de las cosas placenteras de la vida –le dijo el sabio–; y hacerlo cumpliendo con una condición». Acto seguido cogió una vasija de aceite, y dejó caer tres gotas en una cucharilla.

–Estas gotas de aceite representan las tres virtudes esenciales para conseguir la felicidad: bondad, decencia, y generosidad –dijo el hombre sabio, entregando la cucharilla al visitante–. Si quieres ser feliz, jovencito, deberás recorrer todo un día los bellos paisajes de esta región, apreciando su gran hermosura.

–Parece muy fácil y placentero –opinó el joven.

–Lo es, pero aún falta imponerte la condición…

–Haré lo que sea, maestro.

–Bien –aprobó el hombre sabio–. Durante todo tu recorrido llevarás en la mano la cucharilla con aceite, cuidando de no verterlo. Porque si derramas tan sólo una gota, ya no podrás nunca ser feliz.

A la mañana siguiente, bien temprano, el joven estaba listo para partir. Su anfitrión le entregó una lista escrita por él mismo de los lugares más admirables que debía visitar.

Luego le entregó la cucharilla y echó en ella con cuidado las tres gotas de aceite.

–Te esperaré al atardecer –le anunció–. Si traes la cucharilla llena y me explicas con detalle todos los sitios que has visto, te confiaré el secreto de la felicidad.

El joven asintió con una sonrisa esperanzada, e inició su camino paso a paso, sosteniendo con firmeza la pequeña cuchara. Cuando su figura desapareció entre los árboles del bosque cercano, el hombre sabio se introdujo en su cabaña meneando la cabeza. Pasó el día preparando fórmulas y leyendo volúmenes herméticos, hasta que la luz del sol comenzó a apagarse tras su ventana. Entonces salió al exterior y pudo ver al muchacho que regresaba por el sendero del bosque. Traía en su mano la cucharilla con todo su contenido de aceite, cuyo vaivén vigilaba constantemente para no volcar ni una gota.

–¡Muy bien! Te felicito –dijo el maestro, tomando la pequeña cuchara y devolviendo el aceite a la vasija–. Ahora cuéntame las cosas maravillosas que has visto.

El visitante vaciló.

–La verdad es que sólo me concentré en la cucharilla, y apenas atisbé algún que otro punto de la lista –confesó cabizbajo.

–¡Pues has hecho mal!–estalló el sabio enfadado–. Debiste disfrutar de la contemplación de cada uno de esos sitios extraordinarios, dedicándoles tiempo y atención. Ahora has perdido tu oportunidad.

Pero tanto se lamentó y rogó el joven, que el hombre sabio decidió concederle una última prueba. Al amanecer del día siguiente el muchacho partió nuevamente, animoso, por el sendero del bosque. Llevaba en una mano la lista de lugares maravillosos, y en la otra la cucharilla cogida con determinación. Su sabio maestro lo esperó al atardecer con cierta ansiedad, hasta que lo vio aparecer de regreso. Con exaltado entusiasmo el joven le describió la belleza de los árboles azules; la transparencia del lago de cristal, la sutil caída del manantial de la roca ardiente, y otros parajes fascinantes apuntados en la lista.

–Lo has hecho muy bien –aprobó el sabio–. ¿Pero qué pasó con la cucharilla?

–Con tantas maravillas que disfrutar, casi la había olvidado –comentó el muchacho–. Luego adelantó la mano que había llevado todo el tiempo a la espalda, y mostró la cucharilla con sus tres gotas de aceite.

–Has representado el secreto de la verdadera felicidad –sentenció el maestro–: saber disfrutar de todas las cosas buenas y hermosas que nos ofrece la vida, pero sin descuidar las virtudes esenciales para ser feliz.

Comentario

Esta historia es, como la anterior, una defensa de los placeres sanos y puros como parte necesaria de la auténtica felicidad. Ya san Pablo, en una de sus epístolas, admitía que la atención a lo terrenal era un componente de la felicidad en la paz de Dios. Y tras su alabanza del Señor continuaba así: «Por lo demás, hermanos, atended a cuanto hay de verdadero, de honorable, de justo, de puro, de amable, de laudable, de virtuoso y de digno de alabanza; a eso estad atentos, y practicad lo que habéis aprendido y recibido de mí…(Filipenses 4: 8 – 9).

A esta exhibición de mis conocimientos bíblicos, Saraswati agregó lo siguiente:

–Tú ya sabes que, como maestro del Vedanta, siempre he predicado la vida espiritual, la austeridad, y la contemplación interior. Pero desde hace un tiempo me pregunto si no intervienen también en la auténtica felicidad aquellos elementos que hacen que el disfrute de la propia vida sea más variado e intenso. Cuando estamos solos para meditar sobre nuestro ser más profundo, en torno a nosotros existe una realidad humana y natural que nos ofrece lo que tu sabio profeta de Tarso califica de «verdadero, de honorable, de justo, de puro, de amable, de laudable, de virtuoso y de digno de alabanza». Deberíamos pensar en esto, Brenda, buscando quizá que nuestra mente y nuestro cuerpo participen de la felicidad que anima nuestro espíritu.

–¿De qué forma, Swami?

–De forma moderada, por supuesto…

Un mes de vida
(Testimonio anónimo)

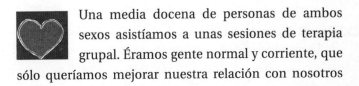 Una media docena de personas de ambos sexos asistíamos a unas sesiones de terapia grupal. Éramos gente normal y corriente, que sólo queríamos mejorar nuestra relación con nosotros

mismos y con los demás. Nos reuníamos dos veces por semana bajo la coordinación de nuestra terapeuta, Dolores, a la que todos llamábamos Dolly. Una cálida tarde de primavera habíamos llevado las sillas al parque contiguo, para disfrutar de la fresca brisa bajo la sombra de un roble, cuando Dolly hizo de pronto la siguiente pregunta:

–¿Qué quisierais hacer si os quedara sólo un mes de vida?

Después de unos instantes de estupefacción, varios de nosotros protestamos por lo absurdo de la pregunta, ya que aún éramos jóvenes y estábamos perfectamente sanos. Pero Dolly rebatió esos argumentos contando la historia de uno de sus pacientes, más o menos de nuestra edad, al que de pronto descubrieron una leucemia fulminante y los médicos le pronosticaron que le quedaba solamente un mes de vida. Quizá ella se había inventado aquel paciente, pero nos impresionó la posibilidad de vernos en su lugar.

–¿Y qué hizo durante ese mes? –preguntó alguien.

–Eso es un secreto profesional… –dijo la psicóloga, evasiva–. Lo que aquí nos interesa es saber qué haríais vosotros si estuvierais en esa situación.

–¿Sí sólo nos quedara un mes de vida?

–Exactamente. No se trata de pensar en el miedo a la muerte, sino en lo que no habéis hecho aún en la vida y que podría haceros felices. Pueden ser hasta tres deseos, y deberíais cumplirlos en los treinta días que os quedan. ¿Habéis comprendido?

Todos asentimos, la mayoría apenas con un movimiento de cabeza. Entonces Dolly cogió su bloc de notas y un bolígrafo, y nos pidió que apuntáramos nuestro deseo, plegáramos la hoja, y le pasáramos el bloc al siguiente participante.

–Pero antes de comenzar, os daré quince minutos para que reflexionéis sobre el asunto –concedió.

Creo que aquel cuarto de hora fue uno de los más intensos de mi vida, y lo mismo debieron sentir mis compañeros. Dolly se alejó unos pasos para encender y fumar un cigarrillo. Cada uno de nosotros pareció encogerse sobre sí mismo como un caracol en su concha. Manteníamos los ojos bajos, o directamente cerrados, con las cabezas inclinadas y los hombros hundidos, concentrados en hallar el mejor destino para aquellos fatídicos treinta días.

Finalmente Dolly regresó y dio unas palmadas, como si realmente quisiera despertarnos de un sueño, y anunció que ahora debíamos escribir nuestro deseo. Me tocó ser la primera en hacerlo, y luego el bloc continuó su vuelta hasta regresar a las manos de la psicóloga. Ésta propuso una nueva ronda, en la que cada uno leyera en voz alta lo que había escrito. Y otra vez fui yo la que tuvo que romper el fuego exponiendo mis tres deseos: Escribir una audaz novela sobre mi iniciación sexual; visitar a mi hermano que vivía en Europa; y asistir a todas las óperas de Verdi. Mientras leía me dí cuenta que no podría cumplir con las tres cosas en solo un mes, y también mis compañeros fueron cayendo en la misma cuenta: el tiempo perdido era mucho más largo que el que nos quedaba para intentar recuperarlo. Como broche de aquella sesión, Dolly nos dio un consejo que era casi una orden:

–No posterguéis lo que pueda haceros felices, porque puede llegar un momento en que sea demasiado tarde para alcanzarlo.

———◆———

 Comentario

Lo que nos enseña el experimento de Dolly es a valorar y aprovechar lo que los antiguos griegos llamaban «kairos»: un momento en el que se dan todas las circunstancias favorables para obtener algo que deseamos y nos haría felices. Ese momento se presenta de improviso y no suele durar demasiado. Alguien lo ha comparado con la permanencia de un tren expreso en una estación de pueblo. Si queremos cogerlo debemos estar atentos a su llegada y trepar ni bien se ha detenido. De lo contrario seguirá su camino sin prestar atención a nuestros gritos y señas para que nos espere.

–Y si además el tren que llega cumple su último recorrido y lo hace en un horario impreciso –apuntó Saraswati–, tendremos un… ¿Cómo lo llamas tú?

–«Kairos», maestro; así lo llamaban los griegos.

–Bien; tendremos un «kairos» perfecto, la gran ocasión que no podemos desaprovechar, pero que es casi imposible de atrapar. Pienso que ese es el mensaje de nuestra Dolly: no pierdas el tiempo, mantente siempre atento a los factores que pueden ayudarte, no te distraigas, controla tu vida. La felicidad es algo más exigente que lo que imaginas… ¡Pero si te esfuerzas puedes conseguirla!

La señora de Palermo
Un cuento siciliano

 Hace tempo vivía en una lujosa villa del Palermo «fino» una mujer rica y vanidosa. Los caprichos y lujos más costosos eran para ella el motivo de su vida. No conocía otra cosa que el dinero, las joyas y los vestidos de la más alta calidad. Hasta que un día, no teniendo ya nada que desear cayó en un grave mal: la apatía. Casi no comía, no se dedicaba a adornarse como antes, ni volvió a salir de casa, se encerró en una habitación y no quería recibir a nadie. Los mejores médicos especialistas de la ciudad la auscultaron de pies a cabeza, pero ninguno pudo entender cuál era su verdadero mal, o la causa que inducía a la rica señora a rechazar incluso su imagen en el espejo.

La noticia del mal que sufría la rica señora se esparció por toda la región. Un día se presentó ante el portal de su lujosa mansión una viejecita encorvada, que se servía de un rústico bastón, y dijo que quería ver a la señora. Los criados, un tanto desconcertados, discutieron unos momentos entre sí, y finalmente decidieron dejarla pasar a la habitación de la señora. Ésta se encontraba tendida sobre un diván oriental con aire desfalleciente, un gesto de estupor y la mirada ausente.

–Usted no tiene nada, mi querida señora –dijo la viejecita–. ¡Mala memoria! ¡Tan sólo mala memoria! Es cierto que ha podido comprar todo lo que le interesaba en la vida: esta villa, coches, caballos, joyas, ricos vestidos…, pero ha olvidado obtener el bien más bello…

–¡No es verdad! –protestó la señora– ¡Lo tengo todo!

La anciana meneó la cabeza sin abandonar del todo su sonrisa.

–Cuando creemos que lo tenemos todo en la vida –continuó– deberíamos reconocer que en verdad no tenemos casi nada.

–¿Casi nada? ¡Tengo todo lo que he querido! ¡Mira!

Tomó una campanilla que había a su lado, la agitó dos veces y de inmediato se presentó la camarera; la agitó tres veces, y compareció el mayordomo.

–¿Lo ves? Si yo llamo, todos corren a satisfacer mis deseos. Puedo llamar al chófer, a la cocinera, al jardinero…

–¿Sí? Entonces pruebe a llamar aquello que le falta: ¡la felicidad! Esa no acudirá nunca, porque está dentro de nosotros.

La señora hizo sonar varias veces la campanilla, y continuó cada vez más fuerte y más rápido, sin que nada ocurriera. Desolada, miró al mayordomo y después a la camarera, que bajó los ojos, desazonada. Luego dirigió la vista a la viejecita y, en aquel rostro arrugado vio surgir una amplia sonrisa. Sólo entonces comprendió qué cosa más bella había venido a traerle la anciana: una sonrisa, una simple sonrisa de felicidad.

Comentario

—¿Puede una simple sonrisa traernos la felicidad?

Ante mi pregunta, el Maestro Saraswati mostró su propia sonrisa, breve y suave.

—Este hermoso relato es simbólico, Brenda. No trata de la realidad tal cual es, sino por medio de símbolos que la representan. Así, podemos entender que una «simple» sonrisa es la completa felicidad, y que la señora de Palermo personaliza la supuesta felicidad que trae la riqueza material, la posesión de bienes y la forzada obediencia de los demás. Pero al vislumbrar la auténtica felicidad en la sonrisa de la anciana comprende que esa es «la cosa más bella», como dice el texto.

—¿Y la viejecita, Swami; es ella misma feliz?

—Desde luego. Posee la felicidad más grande, que es la de poder hacer felices a los demás.

II
La bondad

*«El que es virtuoso es sabio, el que es sabio
es bueno, y el que es bueno es feliz.»*

Boecio

Presentación

Asegura el Swami Saraswati que la bondad es una cualidad sagrada. Es decir, que nace directamente del espíritu para impulsar la energía de otras virtudes, como la generosidad, la rectitud o la honestidad. Es también, desde luego, imprescindible como fuente de ese estado que llamamos felicidad, al que nutre de sentido y de fuerza para elevarse a esferas superiores del autoconocimiento y la perfección.

En nuestra conversación sobre este tema debí aceptar que, en lo que hace a Occidente, la bondad es una virtud que está cayendo en desuso. Ser una buena persona no tiene casi valor frente a ser rico, ser poderoso o ser célebre; y a quien alcanza esas metas suele admitírsele un cierto grado de corrupción. Pero el Swami me observó que en tanto la felicidad supone, entre otras cosas, vivir en paz con uno mismo sin sentir culpas ni remordimientos, sólo los buenos de corazón pueden ser realmente felices.

La voz de la mañana

 En una ocasión un padre llevó a su hijo pequeño a pasear por una región de cumbres altas y rocosas. Tomaron un sendero que bordeaba un lago cristalino admirando el magnífico paisaje. De pronto el niño tropezó con un pedrusco y lanzó un grito de dolor: «¡Aaahhh!». Y desde el fondo de las montañas una voz devolvió su grito: «¡Aaahhh…!

Sorprendido, el niño gritó hacia la montaña:

–¿Quién eres?

–¿Quién eres? –replicó la montaña, imitando su voz infantil.

Amoscado, el pequeño exigió:

–¡No te escondas!

–¡No te escondas! –respondió la voz.

Convencido de que había otro niño oculto en los alrededores que se estaba burlando de él, el chico gritó enfadado:

–¡Eres un cobarde!

–¡Eres un cobarde! –repitió una vez más el otro.

El niño, desconcertado, se volvió hacia su padre.

–¿Qué está pasando, papá? –le preguntó–. ¿De quién es esa voz?

–De nadie, es tu propia voz, devuelta por la montaña. Presta atención…

El padre alzó la cabeza, ahuecó las manos a ambos lados de la boca, y gritó:

–¡Hola, montaña!

–¡Hola, montaña! –contestó la voz.

–¡Hace un buen día! –gritó el padre.

–¡Hace un buen día! –resonó en la montaña.

El hombre bajó las manos y se dirigió sonriente al niño:

–¿Lo ves, hijo? Las montañas nos devuelven cualquier voz o sonido que llegue hasta ellas. Se trata de un fenómeno acústico natural, por el que una onda sonora se refleja en una superficie y vuelve al sitio de origen.

–¿Y cómo se llama eso? –preguntó el niño.

–Se llama «eco» y es como un modelo de la vida, porque esta también nos devuelve lo que hacemos, como un rebote. Si quieres que te amen más, da más amor; si quieres que los demás sean amables contigo, trátalos amablemente; si esperas comprensión y respeto, sé comprensivo y respetuoso… La vida siempre te devolverá lo que tú hagas, como un eco o un espejo. Si quieres ser feliz, cuida siempre que el eco de tu voz sea diáfano, y que tu imagen no empañe el espejo.

Comentario

Poco hay que agregar a la hermosa lección que nos brinda este pequeño cuento. Sus méritos son la brevedad, la sencillez, y la claridad con la que transmite su mensaje. Todo el mundo sabe lo que es el eco, y todos podemos entender que nuestra felicidad depende de nuestras acciones, que la vida nos devolverá algún día según las cualidades buenas o malas de nuestra conducta.

La tradición popular ha acuñado frases que reflejan ese mismo principio, como «la vida siempre pasa factura», «de aquellos polvos vienen estos lodos», y otras sentencias que se utilizan puntualmente en casos concretos. Pero el relato del niño y el eco tiene la virtud de ser universal e intemporal. Siempre, en todas las épocas y en cualquier parte del mundo, la voz de la montaña nos devolverá el eco de nuestro comportamiento.

Una tarde de compras
(Testimonio de la autora)

Cuando una de mis más queridas colegas anunció su próxima boda, un grupo de sus amigas más íntimas resolvimos hacerle un regalo conjunto. Se decidió que le obsequiaríamos una cubertería de plata fina, y yo fui la designada para comprarla. De modo que una tarde cogí el tren a Londres y entré por primera vez en mi vida en los lujosos grandes almacenes de Harrods. Los habíamos escogido para asegurarnos la calidad de la cubertería y de paso darle un toque de distinción, con el logotipo de Harrods sobre el lazo del envoltorio.

Apenas llegué a la planta correspondiente me recibió un joven muy elegante que parecía haber estado esperándome. Me saludó con medida cordialidad y me guió hacia el sector de platería. Me preguntó si prefería alguna marca en particular, y ante mi ignorancia al respecto, en dos minutos de ágiles y precisos movimientos desplegó ante mí cuatro juegos de cubiertos en sus suntuosos estuches. Describió las cualidades de cada uno mencionando los precios al pasar, como si entre nosotros el dinero no tuviera importancia. Yo saltaba la vista de un estuche a otro sin saber por cuál decidirme. Finalmente dirigí mis ojos al vendedor en un mudo pedido que imploraba su ayuda. Él me preguntó amablemente si podía hacerme una sugerencia y ante mi gesto afirmativo indicó uno de los juegos de cubiertos. Era el que tenía una mejor relación calidad–precio, aunque él no lo dijo porque esos detalles no se mencionan en Harrods.

Una vez resuelta tan difícil elección, me informó que esa semana tenían una oferta especial para los regalos de boda de la sección de platería. Por una suma reducida, podían grabar en cada cubierto un monograma con las iniciales de los novios. Hice mis cálculos y el total superaba ligeramente la «caja» común que había establecido nuestro grupo. Al ver que yo titubeaba, el solícito joven dijo que, por tratarse de una nueva cliente, podía conseguirme un descuento del 10% (nunca sabré cómo pudo advertir que era la primera vez que yo pisaba Harrods). Con esa rebaja el total llegaba justo a la suma que podía disponer, y aún quedaban algunos peniques. De modo que cerré el trato y el vendedor me felicitó por mi elección con una comedida amabilidad. Entonces le hice saber que necesitaba la entrega inmediata de mi compra, y él respondió que debían tener esa cubertería en el almacén. «¿Y si no la tuvieran?» pregunté, más para poner a prueba su seriedad y la de Harrods que porque el caso fuera tan urgente. «En ese caso, señora, le entregaríamos la que tiene usted delante», respondió con una leve sonrisa. Le agradecí efusivamente la excelente atención que me había brindado, y le pregunté si trataba en la misma forma a todos los clientes. «Estamos en Harrods, señora», me recordó con cierto tono de orgullo.

En ese momento se acercó un hombre alto, de mediana edad, que vestía un impecable terno gris. «Permítame presentarme, señora –dijo sonriente–. Soy el gerente de ventas de Harrods y suelo merodear por la tienda para apreciar en directo que todo funcione como debe ser.» Advertí que el vendedor había empalidecido y adoptado una posición erguida e inmóvil, como un soldado raso ante la súbita presencia de un general. «Acabo de oír su expresión de agradecimiento a nuestro empleado –prosiguió el hombre alto–, y deseo a mi vez agradecerle su amabilidad en nombre de Harrods.» Acto seguido se volvió hacia su subordinado: «Igualmente le felicito a usted, Gibbons –le dijo–; me satisface que interprete tan perfectamente la filosofía de esta casa». Dicho esto el jefazo se esfumó tan repentinamente como había aparecido. Mientras tanto mi vendedor se encontraba en una especie de trance. Con una postura más relajada, el rubor había vuelto a sus mejillas, el brillo a sus ojos, y una amplia sonrisa curvaba sus labios. Era, por así decirlo, la viva imagen de un hombre feliz.

 Comentario:

Lo bueno de este relato es que la felicidad atañe a las tres personas que intervienen en él. Al vendedor por descontado, al ver reconocidos por el gran jefe sus esfuerzos por desempeñar bien su trabajo. Al gerente de ventas, por la satisfacción de haber actuado con honestidad al reconocer y alabar la buena actitud de su empleado hacia una clienta. Y a ésta, es decir yo misma, porque mi sincero agradecimiento al vendedor de Harrods fue el desencadenante de la feliz escena.

Según las enseñanzas de Saraswati, la felicidad se alcanza también con pequeños gestos. Expresiones cordiales, amables, solidarias o respetuosas, que ofrecen unos momentos de alegría y satisfacción a los demás y a nosotros mismos. Esta anécdota de una tarde de compras, ofrece el testimonio de una escena entre tres personas que viven un momento de felicidad. No expone ni asegura que esos instantes felices lo abarquen todo y duren mucho tiempo; pero quizá nos impulse a buscar una felicidad más completa, profunda y permanente.

El tesoro de Creso
Heródoto de Halicarnaso
(Historias: I, 29–33)

Solón permaneció en el extranjero, quedándose en Sardes junto Creso, que lo alojó en su palacio. Dos o tres días después, por orden del rey, algunos servidores lo condujeron a visitar el tesoro, y le mostraron cuanto allí había de extraordinario y de suntuoso. Creso esperó a que Solón contemplara y considerara todo detenidamente y luego, en el momento justo le dijo: «Huésped ateniense, ha llegado a nuestros oídos tu gran fama, ya sea a causa de tu sabiduría o de tus viajes, dado que por amor al conocimiento has visitado muchos lugares del mundo. Por eso ahora siento un gran deseo de preguntarte si has conocido a alguien que fuera realmente el más feliz de todos». El rey le hacía esta pregunta porque se consideraba el hombre más rico de todos, y por lo tanto el más feliz. Pero Solón, evitando la adulación y ateniéndose a la verdad, respondió: «Ciertamente, señor, ese es Tello de Atenas. Creso quedó sorprendido con esta respuesta, y lo apremió con otra pregunta: «¿Y en base a qué criterio juzgas a Tello como el hombre más feliz?» Solón le explicó: «Tello, en un periodo de prosperidad para su patria, tuvo hijos sanos e inteligentes, que le dieron muchos nietos que crecían contentos. Él mismo, que había tenido una vida tan afortunada, tuvo el final más espléndido: Durante la batalla de Eleusis entre Atenas y esa ciudad vecina, acudió en ayuda de los suyos, puso en fuga al enemigo y murió heroicamente. Los atenienses celebraron un funeral en el punto exacto en que había caído, rindiéndole altísimos honores».

Cuando Solón le hubo contado la historia de Tello, tan rica en hechos afortunados, Creso le preguntó a quién había conocido como el más feliz después de Tello, convencido de ocupar al menos el segundo puesto. Pero Solón le dijo: «A los hermanos Cleobis y Bitón, de Argos, que siempre tuvieron de qué vivir y además una notable fuerza física, por la cual los dos obtuvieron victorias en los juegos atléticos. De ellos se cuenta el siguiente episodio: En Argos se celebraba una fiesta dedicada a la diosa Era, en la que Cleobis y Bitón debían necesariamente acompañar a su madre al templo en un pesado carro tirado por dos bueyes. Pero los animales demoraban en llegar a tiempo desde la hacienda, y para no retardar la ceremonia los dos jóvenes se ataron los yugos a la propia espalda, tiraron del carro sobre el cual viajaba su madre, y llegaron a tiempo al templo después de recorrer 45 estadios*.

«A esta gesta, admirada por toda la población reunida en la fiesta, le siguió un nobilísimo final. Con este la diosa quiso mostrar cuánto mejor es para un hombre estar muerto que permanecer vivo. En torno a los dos hermanos los hombres de Argos alababan su fuerza, mientras las mujeres cumplimentaban a la madre por haber tenido dos hijos como aquellos. Y la madre, totalmente feliz por la hazaña y la gran reputación que de esta se derivaba, se plantó en pie frente a la imagen de la diosa y le rogó que concediera a Clovis y Bitón, sus dos hijos que tanto la habían honrado, la mejor suerte que pudiera tener un ser humano. Después de esta plegaria los jóvenes celebraron el sacrificio y participaron del banquete en honor de Era. Luego se recluyeron en el templo a dormir, y no volvieron a despertar, heridos por la muerte. Los argivos les erigieron dos estatuas que consagraron a Delfos, como hacían con los hombres más ilustres.

Al ver que Solón adjudicaba a los hermanos de Argos el segundo puesto en su gradación de la felicidad, Creso le dijo irritado: «Huésped ateniense, ¿has desvalorizado nuestra felicidad al punto de no considerarla ni siquiera para un ciudadano cualquiera?» Solón respondió: «Creso, tú interrogas sobre la condición humana a un hombre que sabe cuánto el comportamiento divino está lleno de envidia y dispuesto a trastornar todas las cosas. En un largo arco de tiempo se tiene ocasión de ver muchas cosas que nadie desea y muchos deben so-

*Estadio: antigua medida griega de longitud, equivalente a 125 pasos.

portar (…) Y así, Creso, todo es provisorio para el hombre. He visto bien que tú eres riquísimo y reinas sobre muchos súbditos, mas no puedo atribuirte lo que me has preguntado, antes de saber si acabarás con felicidad tu vida. El que es muy rico no es de hecho más feliz que el que vive al día, si el destino no lo acompaña serenamente en su prosperidad. En verdad muchos hombres, aún siendo muy ricos, no son felices; mientras muchos otros que llevan una vida modesta pueden sentirse realmente dichosos. El que es muy rico pero desdichado tan solo en dos cosas es superior al que es afortunado. Pero este último es superior respecto al muy rico desde muchos puntos de vista. El primero puede realizar un deseo propio y soportar una desgracia grave con más facilidad, mas el segundo es superior porque, aunque no esté en la misma condición de soportar desventura o satisfacer sus deseos, su buena suerte lo mantiene alejado de ambas cosas. No tiene problemas físicos ni enfermedades y no sufre desgracias, tiene buenos hijos y un semblante siempre sereno. Y si otros tienen todo, éste tendrá una buena muerte, que es lo propio de aquello que tú buscas, aquello digno de ser llamado felicidad. Por tanto antes de morir se debe evitar siempre llamarlo «feliz», sino solo «afortunado». (…) Que viva recibiendo continuamente más gracias y después concluya su vida dulcemente; esto, señor, constituye para mí el derecho de llevar ese nombre. Se debe indagar el final de cada cosa; los dioses han permitido a muchos entrever la felicidad, y después han dado vuelta radicalmente su destino».

Creso no quedó para nada satisfecho con esta explicación. No tuvo ninguna consideración con Solón y lo despidió de mala manera, acusándolo de ignorante que despreciaba los bienes del presente y exhortaba a observar el fin de toda cosa.

———— ◆ ————

Comentario

Al Swami Saraswati no dejaron de sorprenderle los criterios que emplea Solón como condicionantes de la felicidad: que Tello viva en una ciudad próspera y tenga hijos y nietos sanos; o que los hermanos argivos disfruten de una notable fuerza física, honren a su madre y adoren a la poderosa diosa Era (o Hera) al punto de autoinmolarse en su honor.

–Debemos tener en cuenta, maestro, que el relato de Heródoto se sitúa en el siglo VI a.C., dentro de la cultura griega de esa época –le dije–. Es decir, en una sociedad que valoraba y practicaba el atletismo hasta un punto que sólo podríamos comparar a la multitudinaria pasión actual por el fútbol. La fuerza física era por tanto un factor de prestigio y admiración, ya que permitía triunfar, como Clovis y Bitón, en los más importantes torneos atléticos. Era asimismo una condición de la felicidad el ponerse bajo la protección de una deidad adecuada, en este caso de Era, hermana y esposa de Zeus y la mayor diosa femenina del Olimpo.

–De acuerdo, Brenda –asintió el Swami–, comprendo tu punto de vista, aunque me resulta difícil de entender en el pensamiento de Solón sobre la felicidad, el poner como requisito una muerte digna y en lo posible heroica. ¿Cómo puede un ser humano ser feliz después de muerto? Y si entonces se creía que de la calidad de su muerte dependía que fuera feliz en el más allá, ¿para qué los otros requisitos que debía cumplir mientras vivía?

–La respuesta a estos interrogantes quizá se encuentre en que Heródoto no escribía para el pueblo llano, que era en su mayor parte analfabeto, sino para personajes ilustrados y encumbrados, como políticos, filósofos, intelectuales, gobernantes, y otros que formaban una elite reducida e ilustrada. Esos personajes deseaban pasar a la historia como grandes hombres, felices y heroicos, preparándose para un juicio favorable de la posteridad. En ese juicio pesaba indudablemente la forma en que había muerto el presunto héroe, cerrando el ciclo de su vida como hombre feliz.

A pesar de las diferencias de épocas en los principios y costumbres, la crónica de Heródoto contiene un momento revelador cuando Solón dice «En verdad muchos hombres, aún siendo muy ricos, no son felices; mientras muchos otros que llevan una vida modesta pueden sentirse realmente dichosos». La tradicional y aún vigente confusión entre riqueza y felicidad se remonta así al siglo VI a. C., encarnada en este caso por el rey Creso. Es decir, la Historia del gran cronista de Halicarnaso cobra una sorprendente actualidad, dotando de la legendaria sabiduría de Solón al esfuerzo por eliminar esa lamentable equivocación.

Los tenderos
Cuento tradicional judío

Hace muchos años, en una humilde casa de vecindad, vivía una esforzada mujer llamada Sara con su esposo Samuel, que era zapatero remendón. El matrimonio tenía cinco hijos todavía niños, y Sara se empeñaba en que estuvieran limpios e impecables y en que su modesta vivienda reluciera sin una mota de polvo. Todas las mañanas, cuando Samuel se iba a su taller, ella se ocupaba de lavar la ropa en los lavaderos comunes que había en el patio. Un día se sentía muy fatigada por haber pasado mala noche, y tenía ante sí un montón de sábanas, cortinas, faldas, camisas, pantalones, y otras prendas. Empleó sus escasas energías en lavar y enjuagar toda esa ropa, y al terminar se sintió mareada. Pensó que debía entrar a recostarse, y colgó con prisa la abundante colada, ocupando dos tendederos, que juntos atravesaban el patio de pared a pared.

Un poco después llegó de la compra la señora Angélica, una viuda sin hijos ni amistades, que mostraba siempre un carácter agrio con súbitos arranques de mal humor. Para llegar a su puerta debía cruzar el patio, y al hacerlo tropezó con los dos tendederos abarrotados. Reconoció fácilmente las pulcras prendas de los cinco hijos de Sara, y estalló en un arrebato de cólera. «¡Es increíble que haya gente que obstruye el patio con tanto traperío! –gritó en dirección a las ventanas de Sara, y lo bastante alto para que la oyeran todos los vecinos–. «¡Pero esta desvergüenza se va a acabar!».

Presa de su exagerada furia, la señora Angélica corrió hasta su casa y volvió a salir empuñando unas tijeras de cocina. Con ellas cortó los hilos que sostenían los tendederos, y toda la colada cayó al suelo. No contenta con esa maldad, la mujer ensució aun más la ropa propinándole puntapiés y pisotones, mientras profería maldiciones entre dientes.

Los gritos de su vecina despertaron a Sara de su reposo. Se asomó a la ventana y vio toda la ropa que acababa de lavar con gran esfuerzo, desparramada por el patio e irremediablemente sucia. Desalentada, bajó a contemplar aquel desastre, sabiendo que la causante era la irascible Angélica en uno de sus ataques de furia. El primer impulso de Sara fue ir a encararse con su vecina y reprocharle su mala acción. Pero su generoso corazón la detuvo. «Allá ella –pensó–. Esa pobre mujer solitaria está muy amargada, y descarga su resentimiento haciendo este tipo de cosas».

Mientras tanto la señora Angélica atisbaba entre las

cortinillas de su ventana, esperando que Sara intentara vengarse. Pero se quedó de una pieza al ver que su víctima recogía toda la ropa sucia y la volvía a lavar prenda por prenda. «No se atreve a enfrentarme sola –se dijo–, y está esperando el regreso de su marido para que éste me riña y me denuncie ante la comisión de vecinos…» Sara, por su parte, ni siquiera comentó con Samuel lo ocurrido. «Si busco vengarme de esa triste mujer, sólo conseguiré agriar más su talante –reflexionó–. Será mejor dejarlo correr.» Un par de días después Angélica, al ver que nada ocurría y ya arrepentida de su vandalismo, se obligó a visitar a Sara para disculparse.

–Después de lo que hice, pensaba que ibas a vengarte de mí. Te agradezco que no lo hicieras, y te presento mis más sinceras disculpas.

–Si intentaba vengarme hubiera sido devolver mal con mal –declaró Sara–. No ganaría nada y quedaría tan sucia como tú, o como la ropa que arrastraste por el suelo.

Su visitante asintió, compungida, e impulsivamente le tomó las manos.

–Perdóname, Sara, te lo ruego –dijo casi sollozando–. A veces pierdo los nervios de tanto estar sola. Como lavo sólo mi ropa, puedo ayudarte con vuestra colada; así será más liviano para ti.

–Gracias, Angélica –dijo Sara con un gesto de aceptación–. Por mi parte, te invito a que vengas cada tarde a casa para charlar y tomar el té. Así te sentirás menos sola.

Las dos mujeres cumplieron fielmente ese acuerdo, y poco a poco fueron estableciendo una sólida amistad. Muchos años después, cuando Sara también había enviudado y sus hijos se habían marchado en busca de su destino, ella y Angélica, estrechamente unidas para vencer la soledad, reían juntas al recordar la curiosa anécdota que había motivado su amistad.

———◆———

 Comentario
La simbología de este relato gira alrededor de la ropa colgada en los tendederos, clara alusión al bien y el mal, lo limpio y lo sucio, lo feliz y lo desdichado. Cuando se unen los tendederos con prendas recién lavadas, forman una barrera que cierra el paso al resentimiento y la maldad, representados en este caso por Angélica.

Por el contrario, Sara es una mujer feliz a pesar de su pobreza. Realiza grandes esfuerzos para mantener reluciente su casa y bien limpia la ropa de su marido y sus cinco hijos, porque siente que así transmite felicidad a su familia. Por eso no da demasiada importancia a la maldad de su vecina, y ni siquiera comenta con su marido que ésta le había estropeado la colada. Y cuando Angélica se presenta a pedirle disculpas, Sara renuncia a la posibilidad de vengarse, porque «quedaría tan sucia» como ella.

Un detalle interesante es que sea Angélica la primera de las dos mujeres en ofrecer su colaboración a la otra. Sara ya la ha perdonado, pero no es lo mismo el perdón que la reparación del mal causado. Por eso ella propone ayudar a su vecina precisamente con la colada, el símbolo de felicidad que había agredido y depreciado. Por su parte Sara, con su tendencia a transmitir su felicidad a los demás, la invita a compartir cada día un rato de charla y compañía.

En cuanto al «final feliz» de la convivencia de ambas, coincidimos con el Swami en que puede ser un agregado posterior, ya que el mensaje del relato ya se ha explicado con el intercambio de favores.

III
La sabiduría

«El que ni considera lo que tiene como una gran riqueza, es desdichado aunque sea el dueño del mundo.»

Epicuro

Presentación

En las escuelas y universidades puedes hacerte experto o especialista en casi todas las materias del mundo, pero la sabiduría no puedes adquirirla en ningún lugar que no sea tu propia mente, me dijo el gurú Saraswati mientras seleccionábamos las historias que componen este apartado. En el caso de la felicidad no se trata de la alta sabiduría de los maestros espirituales, los filósofos o los grandes científicos, agregó, sino del simple reconocimiento de que lo que tenemos en la vida es suficiente para hacernos felices.

–Como ha escrito Gustavo Dorz: «Algunos buscan la felicidad como se buscan las gafas cuando se tienen sobre la nariz».

–Es una bonita comparación –opinó el Swami con una leve sonrisa–. Pero no se trata solo de saber que llevas contigo lo necesario para ser feliz. También necesitas poder utilizar y compartir esa cuota de felicidad de que dispones.

–¿Y eso cómo se consigue?

–Eso, estimada Brenda, es la verdadera sabiduría.

El empresario y el pescador
(Una historia marinera)

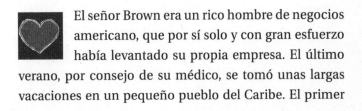

El señor Brown era un rico hombre de negocios americano, que por sí solo y con gran esfuerzo había levantado su propia empresa. El último verano, por consejo de su médico, se tomó unas largas vacaciones en un pequeño pueblo del Caribe. El primer día que bajó a la costa se sentó a contemplar el mar en el extremo de un rústico muelle. Al rato divisó en el horizonte una canoa mecida por las olas. Aguzó la vista y comprobó que se trataba de una pequeña barca de pesca con un mástil sin vela, impulsada a remo por su único tripulante. La embarcación avanzó lentamente y arribó por fin al desvencijado desembarcadero. Ambos hombres intercambiaron un breve saludo, y mientras el pescador se ocupaba del amarre el señor Brown observó que en el fondo de la embarcación se agitaban varios peces de buen tamaño.

–Te felicito –dijo dirigiéndose al hombre–. Son unos peces estupendos.

–Gracias, señor. Es que por aquí hay un caladero que sólo yo conozco, y en media hora pude pescar todos estos atunes.

–¿Sólo en media hora? –se asombró el empresario–. Si te quedaras más tiempo, ¡podrías regresar con la barca colmada de peces!

El pescador se había sentado al borde del muelle para liar un cigarrillo. Miró al señor Brown con ingenuo asombro y le preguntó:

–¿Y para qué podría querer yo tantos peces? Con estos que tengo me basta para alimentar a mi familia.

El americano meneó la cabeza, sentándose junto al joven.

–La verdad es que no te entiendo, muchacho. Sólo practicas tu oficio durante media hora; con los preparativos, los trayectos en canoa y algún detalle más, podemos calcular alrededor de una hora y media dedicada a tu trabajo.

–Sí, más o menos… –asintió el pescador.

–Así no podrás progresar –se lamentó el señor Brown–. ¡Una hora y media por día! ¿Qué haces con el resto del tiempo?

–Pues… duermo hasta tarde y desayuno sin prisa, mirando el mar… Si está tranquilo, salgo a pescar un rato. Al volver juego con mis hijos y después comemos todos en familia…; hago la siesta con mi señora, y al atardecer ayudo un poco a los niños con los deberes. A la noche me gusta pasear por la playa y mirar las estrellas, salvo alguna vez que bajo al pueblo a tomar unos vinos con los amigos…

El empresario puso una mano sobre el hombro del pescador, en un gesto paternal.

–Eres un buen pescador –le dijo–. ¡Pero como hombre de negocios eres un desastre! Mira, yo estudié administración de empresas en Harvard y levanté una gran compañía de la nada. Puedo ofrecerte mis conocimientos y mi experiencia, para que llegues a ser un verdadero triunfador en la vida. ¿Quieres que te lo explique?

–Sí, señor, por supuesto… –asintió el pescador, más por buena educación que por interés.

–Lo primero que tienes que hacer es pescar durante varias horas cada día, hasta colmar la capacidad de tu barca. Con la venta de todos esos pescados te compras una barca más grande, y contratas un ayudante; con los beneficios de la venta al por mayor de tus atunes, en poco tiempo podrás comprar más barcas y poseer una flotilla pesquera. Contratas a otros pescadores y tú te dedicas a llevar el negocio. Ya no vendes al intermediario sino directamente a un procesador, y en cuanto puedes abres tu propia procesadora y envasadora. Para eso deberás abandonar este poblado perdido y trasladarte a la ciudad. Tendrás tu propia marca y muchos empleados, pero debes mantener el control personal de la producción, el procesamiento y la distribución.

– Pero entonces me pasaría todo el día trabajando... –objetó el pescador.

–¡Por supuesto! –exclamó el señor Brown alegremente–. Deberás trabajar entre doce y catorce horas diarias, aprovechando los domingos para actualizar las tareas retrasadas.

–¿Y... cuánto tiempo me llevaría hacer todo eso?

–Digamos, unos quince o veinte años.

–¿Y luego qué? –preguntó el pescador, desconcertado.

–Luego lo habrás conseguido, amigo mío: ¡Serás un triunfador! Tendrás riqueza y prestigio; todo el mundo te admirará como gran hombre de negocios. Pero el truco consiste en saber retirarte a tiempo, en el mejor momento para vender tu empresa por una fortuna que asegure tu futuro y el de tu familia.

–¿Y entonces...?

–Entonces vendrá lo mejor. Te comprarás una buena casa en una costa paradisíaca, y pasarás allí largas temporadas. Podrás levantarte a la hora que quieras, desayunar muy tranquilamente, estar con tu mujer, charlar con tus hijos, navegar en tu barca, comer ricos peces y mariscos pescados por ti mismo, holgazanear todo lo que quieras, y por la noche hacer tertulia con tus amigos o recostarte en la playa a mirar el cielo...

–Pero… todo eso es lo que hago cada día.

Mientras el cerebro del empresario procesaba lentamente el hecho de que el pescador tenía razón, éste con un gesto tímido le apoyó la mano sobre el hombro y le dijo:

–Lamento que a usted le haya costado tanto conseguirlo, señor…

Comentario

El mensaje que nos deja este hermoso cuento caribeño tiene una doble vertiente. Por un lado, refuerza la tradicional sentencia de que el dinero no trae la felicidad, y lo hace con dos personajes tan representativos de su posición como extraños en su actitud ante ella. Por otra parte ambos tienen unas identidades que simbolizan claramente su posición y su oposición en el cuento: un empresario que reniega de su empresa, no ama la obra de toda su vida, y espera completarla para poder venderla y dedicarse a ser feliz. Todos los elementos que para él implican la felicidad los posee y disfruta el humilde pescador, tal vez porque nunca se ha preguntado si es feliz.

Decía Focílides de Mileto, poeta griego del siglo VI a.C., que el gran secreto de ser feliz es ser inocente, y eso explica que la ingenuidad del pescador le permita disfrutar de todas las cosas buenas, sin ambicionar tener más ni temer tener menos.

El empresario, en cambio, vive en la zozobra del mercado, y el juego de la oferta y la demanda, obligado a querer ganar más, porque esa es la razón de ser de una empresa.

Por algo el relato se cierra con un rizo: la compasión del pescador por el hombre rico que no consigue ser feliz.

Los cuatro labriegos
(Leyenda mexicana)

En tiempos antiguos había un chamán muy anciano que conocía el secreto para obtener la felicidad. Como era un buen hombre, se propuso revelar a las gentes humildes su secreto. Inició entonces un viaje itinerante en busca de las personas adecuadas para recibir ese don. Un día, desde lo alto de una colina, divisó un hermoso valle en el que se distribuían cuatro predios, en cada uno de los cuales se encontraba un labriego atendiendo a sus cultivos y sus animales. El viejo sabio se dirigió al primer campesino, que estaba sentado a la puerta de su cabaña.

–Buenos días –saludó el anciano–. Vengo a ofrecerte un secreto para que consigas la felicidad.

El hombre lo miró con desconfianza.

–No me parece que tengas pinta de mago o de taumaturgo –le dijo–. Eres solo un viejo chamán desarrapado, y no creo que puedas andar por ahí regalando felicidad.

–Debes confiar en mí y sobre todo en Quetzalcóatl, que es el dios que me ha dado ese don –respondió el anciano–. De todas formas, no perderás nada por probarlo.

–De acuerdo –aceptó el campesino a regañadientes–. Dime cómo me ayudarás.

–Antes debes escoger entre dos caminos: o te entrego la llave de tu alma, o hago que se cumpla tu mayor deseo.

El labriego no vaciló ni un instante en su elección:

–No sé de qué serviría abrir mi alma de pobre campesino. Lo que me gustaría es ser un poderoso cacique, vivir en un gran palacio, luciendo un casco con penacho ricamente adornado y las plumas de mi alto rango, para que me envidien mis vecinos.

–Si eso quieres, mañana temprano verás cumplido tu deseo –dijo el druida, y se encaminó hacia la parcela contigua.

La granja del segundo campesino presentaba un aspecto floreciente. Los frutos de la huerta crecían abundantes, las ovejas de la manada se veían gordas y sanas, así como los cerdos del chiquero y las aves que llenaban el gallinero. El sabio anciano apreció todo esto mientras se adentraba en la finca en busca del propietario. Finalmente lo divisó en el sembrado de maíz que ocupaba un amplio terreno en el fondo de la parcela. El hombre parecía muy enfadado y cuando el anciano le hizo su propuesta de felicidad, se enfureció y lo amenazó alzando su azada.

–¡No te burles de mí, viejo charlatán! –exclamó, blandiendo la herramienta–. ¿Cómo te atreves a hablarme de felicidad? ¿No ves que estoy arruinado?

Y diciendo esto tendió los brazos, mostrando en cada mano una escuálida mazorca de granos diminutos y ennegrecidos.

–¡Toda la cosecha perdida! –gruñó–. Si llevo estas panochas al mercado, seré el hazmerreír de toda la región…

–Eso tal vez podría arreglarse, si me permites ayudarte.

El hombre bajó la azada, mirando al druida con recelo.

–Como te parezca –aceptó–. Nada se pierde cuando todo está perdido. Haz tus trampantojos y luego márchate lejos de aquí.

–Antes debes elegir entre dos opciones: puedo darte la llave que abre tu alma, o hacer que se cumpla el deseo que te haría más feliz.

–¿Abrir mi alma? ¿Para verla destrozada por mi desdicha? No, muchas gracias.

–Dime entonces lo que piensas que te haría feliz.

–¡Hombre, eso salta a la vista! –dijo el labriego–. Quiero una cosecha de maíz muy abundante, con granos dorados y gordos, que despierten la envidia en el mercado… ¡Eso sí que sería mi mayor felicidad!

–Así lo espero –dijo el chamán–. Mañana al alba tendrás la simiente para sembrar el mejor maíz.

Luego de despedirse con esa promesa, el anciano se dirigió a la finca del tercer labriego. Le hizo su propuesta de felicidad y el hombre, como los anteriores, desdeñó recibir la llave que abriría su alma.

–¿Qué crees entonces que te daría una gran felicidad? –preguntó el chamán, siguiendo su formulismo.

–Soy un hombre solitario y me voy haciendo mayor en mi soledad –suspiró el tercer labriego–. Nada me haría más feliz que encontrar una hermosa doncella que me haga compañía y caliente mi lecho…

–Mañana temprano la tendrás ante tu puerta –prometió el anciano.

El cuarto labriego estaba regando cuidadosamente sus plantas de maguey. Cuando el druida se presentó ante él, lo recibió sin recelo, con muestras de devoción y respeto. Escuchó atentamente la oferta de felicidad y la elección que debía hacer para poder alcanzarla.

–Soy un hombre sencillo que se siente bastante feliz trabajando sus cultivos, y no sé cuál es mi mayor deseo –le explicó–. Así que escojo la llave de mi alma para conocerme mejor.

El rostro del anciano se iluminó con una sonrisa de aprobación, mientras entregaba al labriego una pequeña llave que rebrilló bajo el sol. Esa noche el sacerdote azteca descansó bajo un alto árbol de aguacate. Despertó al amanecer, deseoso de conocer el resultado que habían dado sus dones. Emprendió por tanto el camino de regreso, pasando ante las fincas de los cuatro labriegos. El cuarto de ellos estaba sentado a la puerta de su casa, concentrado en la posibilidad de conocer su alma. El tercero lo saludó muy risueño con la mano, mientras con el otro brazo rodeaba la cintura de una bellísima doncella. El segundo estaba tan concentrado mirando su nueva plantación de maíz de cañas erguidas y gordas panochas que dejaban ver unos apetitosos granos dorados, que ni siquiera advirtió el paso del chamán ante su parcela. El primero, que llevaba con orgullo un casco emplumado y un cetro de cacique, respondió a su llamado asomado al gran balcón de un lujoso palacio. «Bien, he hecho felices a estos cuatro labriegos –se dijo el anciano–. Espero que el dios Quetzalcóatl se sienta satisfecho por mi obra.» Y se alejó en dirección a la colina.

Unos meses más tarde Quetzalcóatl se apareció en sueños al hechicero, y le ordenó que regresara a aquel valle para confirmar que los labriegos seguían siendo felices. El viejo chamán volvió a bajar de la colina y se dirigió a la granja del primer campesino. Advirtió que el palacio estaba muy descuidado, y que el hombre ya no llevaba sus ostentosos emblemas reales.

–En mala hora te pedí ser un cacique –dijo a modo de saludo–. Nadie ha aceptado ser mi súbdito, porque todos me detestan por pretender ser su soberano. Como empecé a pasar hambre, intenté volver a ser un simple labriego, pero el palacio ocupa toda la parcela y no deja sitio para sembrar cultivos ni criar animales. ¿No podrías hacerlo desaparecer?

–No tengo poder para eso –respondió el chamán–. Te he dado lo que me pediste, pero tal vez no era eso lo que debía hacerte feliz. Creo que lo que realmente deseas es el afecto y la admiración de los demás. Tú lo hubieras sabido, si hubieses consultado a tu alma. Lo siento, pero nada puedo hacer por ti.

El anciano siguió su recorrido, y encontró al segundo labriego en su parcela, sentado en medio de una plantación de maíz. El hombre miró desolado al chamán itinerante y luego le explicó su desgracia:

–Planté la simiente que me diste, obteniendo una cosecha excelente y abundante. Pero cuando la llevé al mercado me dijeron que unos comerciantes forasteros habían vendido muchísimas panochas provenientes de unas tierras muy fértiles, tan buenas o más que las mías. Nadie quiso comprarme más panochas, y tampoco yo pude ofrecer otros productos, porque había ocupado toda mi parcela con la plantación de maíz.

–Hum…, parece que ese maíz tan especial no era tu verdadero deseo –dijo el viejo chamán–, sino poder vender cada año tus cosechas de siempre en el mercado. Eso te permitiría progresar, asegurarte una vejez confortable, y… sentirte feliz.

–Así es –suspiró el segundo labriego–. Si hubiera optado por la llave de mi alma, lo hubiese sabido. ¿Puedes ahora entregarme esa llave?

No, lo lamento, pero tu ocasión ya ha pasado. Deberás hacer tú todo el trabajo, y sin ayuda.

El tercer campesino se veía aún más triste que el anterior. Su huerto y su sembrado estaban invadidos por malas hierbas y plagas de gusanos; los pocos animales que le quedaban estaban muy flacos y famélicos.

–¿Qué ha ocurrido con tu felicidad? –preguntó el hechicero.

–¡Oh, señor, tan sólo me queda la desdicha! Gasté todo mi tiempo dedicándome a aquella hermosa doncella, descuidando mi huerto y mi corral. Ahora mi parcela es un erial y, para colmo, ella me abandonó por otro hombre.

–Me apena tu desgracia, pero nada puedo hacer para ayudarte, salvo darte un consejo: olvida a esa joven, y pon todo tu empeño en renovar tu huerto y atender a tus ovejas y tus aves de corral.

–¿Y así seré feliz?

–No puedo saberlo, ya que no tienes la llave de tu alma. Pero deberías intentarlo.

El chamán se dirigió al predio del cuarto labriego, que exhibía un magnífico huerto, un abundante rebaño de ovejas, y numerosas gallinas y otras aves en un corral amplio y limpio. El campesino estaba recogiendo unas mazorcas de maíz, que introducía en un capacho que sostenía la hermosa doncella que había abandonado al vecino. Ambos estaban sonrientes y alegres y saludaron con efusión al viejo sabio.

–Bueno, parece que tú sí has encontrado la felicidad –dijo este.

–Así es, venerable chamán. Al mirar dentro de mi alma supe que mi auténtico deseo era seguir disfrutando de lo que ya tenía. Y para más felicidad vino a mi lado esta bonita esposa, que no sé por qué se enamoró de mí.

–Quizá sea un premio de Quetzalcóatl por tu acierto al escoger la llave –dijo el chamán con un guiño.

Comentario

En esta leyenda los cuatro labriegos representan cuatro ambiciones, tentaciones, y deseos idealizados de los hombres –dijo el Swami–. Ellos creen que si logran hacerlas realidad, encontrarán la tan ansiada felicidad; pero no siempre es así. Fíjate en el simbolismo de los labriegos del cuento, Brenda: podemos decir que el primero de ellos ansía el poder, el segundo sueña con la riqueza y el tercero busca los placeres del amor.

Pero al cumplirse esos deseos, ninguno de ellos se siente más feliz, sino más desdichado.

—¿Y qué pasa con el cuarto labriego? —me atreví a preguntar.

—Ese, al optar por la llave de su alma, pudo conocerse a sí mismo y saber que ya era feliz con lo que tenía.

—Y con el agregado de una hermosa joven como compañera —apunté.

—Lo importante es que el último labriego, al consultar su alma, comprende que no debe buscar la felicidad fuera de sí mismo, sino seguir disfrutando de lo suyo a la espera de que esta se presente.

—También nosotros tenemos una corriente de pensamiento que viene a decir que la felicidad se encuentra si no se busca. Ya en el siglo VXIII el filósofo Voltaire dejó escrito que «buscamos la felicidad sin saber dónde, como los borrachos buscan su casa sabiendo que tienen una». Tengo también una versión muy poética, que debemos nada menos que a un célebre psiquiatra: Viktor Frank.

—Me gustaría escucharla.

—No hay problema, Maestro. Me la sé de memoria y dice así: «La felicidad es como una mariposa; cuando más la persigues más huye. Pero si vuelves tu atención hacia otras cosas, ella viene y se posa suavemente en tu hombro».

—Hum… —murmuró el Swami, meneando la cabeza— Veo que también tenéis hombres sabios en Occidente.

—◆—

El náufrago
Relato marinero*

 El barco, atrapado en medio de una terrible tempestad, no pudo resistir los embates del viento huracanado y las violentas olas. Desarbolado y destrozado, se deshizo en pedazos que la tormenta arrastró sin rumbo. A la mañana siguiente el sol brilló sobre un mar en calma. Sus rayos iluminaron unos restos del naufragio varados en la playa de una isla solitaria. Sobre el entablado que había sido un trozo de la cubierta, estaba tendido un hombre, empapado e inmóvil.

Pasaron largos minutos hasta que la calidez del sol pareció revivir al náufrago, que se incorporó sobre sus rodillas con lentitud, aún desfalleciente. Como era un hombre muy devoto, agradeció a Dios por haberse salvado y le rogó que enviara a alguien para que lo recogiera. En los días siguientes levantó una rústica cabaña con maderas del naufragio y hojas de palmera. Allí fue acumulando las cosas que le permitirían sobrevivir: cajas que traía la marea con provisiones del barco hundido, avíos de pesca, un viejo farol de aceite, un saco de sal y otro de azúcar que dejó secar al sol, y un viejo arcabuz con el que cazaba las abundantes aves y cerdos salvajes que poblaban la isla. Mientras tanto pasaron las semanas, y después los meses, sin que nadie viniera en su auxilio. El náufrago se sentía orgulloso de la cabaña y de su habilidad para abastecerse de lo imprescindible, pero cada día sentía

* Inspirado en *Robinson Crusoe* del autor inglés Daniel Defoe (1660 – 1731)

más nostalgia por su familia, su casa, y su vida marinera, que lo habían hecho considerarse como un hombre feliz.

Un día, regresando de una excursión de caza, percibió un fuerte olor a madera quemada. Corrió hasta la playa y quedó paralizado ante lo que veía: su cabaña ardía por los cuatro costados, con todo lo que había en su interior, en medio de una espesa columna de humo que se elevaba hacia el cielo. Lo había perdido todo. Ahora su única posesión eran los andrajos que llevaba como vestimenta. Dio vueltas como un poseso alrededor del incendio, presa de una mezcla de desesperación y furia. En ese estado alzó el puño amenazante y gritó con rabia: «¿Señor, cómo has permitido que esto sucediera? Me he pasado meses rezando e implorando que me enviaras a alguien para recogerme, pero nadie ha venido. ¡Y ahora has dejado que el fuego devorara todas mis pertenencias! ¿Por qué me haces esto, Señor?».

Más tarde estaba el náufrago sentado en la playa, sollozando sumido en su aflicción, cuando al alzar los ojos avistó la silueta de un velero dibujada en el horizonte. Se incorporó de un salto, loco de alegría, agitando los brazos para dar la bienvenida a sus salvadores. Una vez instalado en la nave que lo devolvería sano y salvo a su hogar, mientras compartía un vaso de ron con el capitán, le preguntó por qué se habían dirigido a aquella isla solitaria y alejada de su itinerario.

–Tuve una corazonada –explicó el marino–. El vigía avistó una gran columna de humo sobre esa isla, y yo ordené cambiar el rumbo para echarle una ojeada. Fue cosa de Dios.

–Sí, cosa de Dios –murmuró el náufrago, conmovido.

Comentario

Este relato muestra que, empleando la sabiduría y la reflexión, podemos alcanzar la felicidad aún desde situaciones extremadamente desventuradas.

La primera muestra de sabiduría que manifiesta nuestro protagonista es su reacción al verse convertido en un náufrago. Tras agradecer a Dios el haberle salvado la vida y rogarle que envíe a alguien a rescatarlo, comienza a organizarse para su nueva situación de superviviente. Su fe lo hace confiar en que el Señor responderá a su pedido, pero su razón lo inclina a pensar que su salvación puede tardar semanas, meses, años, o incluso no llegar nunca. Su sabia decisión es prepararse para resistir largo tiempo en una isla desierta, en las mejores condiciones para soportar una larga espera.

El incendio de la cabaña desencadena una violenta crisis de fe, que lo lleva a reprochar a Dios una supuesta inconsecuencia. No obstante el Señor era más sabio que él, y manifiesta su divina sabiduría al transformar su milagro salvador en una casualidad posible.

◆━━━━◆

Las semillas
Relato anónimo

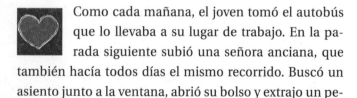

Como cada mañana, el joven tomó el autobús que lo llevaba a su lugar de trabajo. En la parada siguiente subió una señora anciana, que también hacía todos días el mismo recorrido. Buscó un asiento junto a la ventana, abrió su bolso y extrajo un pequeño paquetito. Volcó parte del contenido en la palma de la otra mano, y el muchacho pudo apreciar que consistía en una buena cantidad de piedrecitas de distintos colores, como cuentas o granos de arena, que tal vez utilizaba para hilar collares y pulseras. Como si lo hubiera oído, ella cerró el puño, sacó el brazo por la ventana, y fue dejando caer lentamente las piedrecitas. El pasajero siguió mirando esa escena, absorto, pese a que ya la había visto cada vez que aquella señora viajaba en el mismo autobús.

Pero esa mañana el joven no pudo contener su curiosidad. Con un movimiento rápido abandonó su asiento y fue a sentarse junto a la anciana.

–Perdone que la moleste, señora –dijo a modo de saludo–, pero me agradaría saber qué es lo que arroja por la ventanilla.

–¡Oh, por supuesto! –dijo ella–. Arrojo semillas.

–¿Semillas? ¿Semillas de qué?

–De flores, semillas de flores. Es que cuando miro por la ventanilla veo un paisaje tan gris y desangelado, que me siento inclinada a embellecerlo.

–Su actitud es muy loable, pero no creo que funcione –dijo el joven–. Las semillas caen sobre el pavimento recalentado, las aplastarán los coches y camiones, o se las comerán los pájaros. ¿Cree usted que en esa situación podrán germinar?

–Creo que sí, joven –respondió la anciana–. Aunque muchas se pierdan, algunas caerán sobre la tierra y podrán germinar y florecer.

–Insisto, señora. No es posible que unas plantas de

flores puedan crecer y florecer en este páramo. Necesitan mimos, cuidados, y agua, mucha agua…

–Mira, hijo mío, yo ya hago mi parte del trabajo al proveer las semillas y sembrarlas a la vera del camino. Ahora les toca al sol y la lluvia, con cuya ayuda tendremos flores la próxima primavera.

El joven lanzó un suspiro y se dispuso a bajar en la parada siguiente. Cambió unas palabras con el conductor, y al detenerse el vehículo giró la cabeza para despedirse de la anciana señora. Pero ésta estaba inclinada hacia la ventanilla, arrojando sus puñados de semillas.

Después de tomar unas vacaciones, el muchacho volvió a subir como siempre al autobús. Al sentarse buscó con la mirada a la señora de las semillas, pero no pudo encontrarla. Luego de rodar unos kilómetros el conductor le indicó por señas que mirara por la ventana. El joven se quedó boquiabierto al ver el campo cubierto de mantos de flores, que ofrecían a los viajeros un paisaje colorido, aromático, y muy bonito. Conmovido, se dirigió al conductor:

–¿Qué sabes de aquella señora que arrojaba semillas?

–Dicen que falleció, hace más o menos un mes –respondió el hombre.

El muchacho lanzó un suspiro y pensó en la desdicha de la anciana, que después de su generoso esfuerzo, había muerto sin poder disfrutar de su obra. Volvió la mirada hacia el interior del vehículo, donde unos cuantos niños celebraban con risas y gritos la súbita belleza que se desplegaba ante sus ojos. «¡Mirad que hermosas flores!»,

«¡Son de todos los colores!», «¡La calle parece un jardín»!
Entonces el joven pasajero comprendió el sentido de la
acción de aquella mujer: como ella misma decía, hizo su
parte, dejó su huella, y, aunque no estuviera allí para verlo, desplegó una notable belleza floral para la contemplación de sus semejantes.

Al día siguiente el joven trepó al autobús, ocupó su asiento, y con un gesto tímido extrajo del bolsillo un paquete
de semillas.

Comentario
Como decía Baden Powell, fundador del escultis-
mo: «La mejor forma de conseguir la felicidad es
hacer felices a los demás». La anciana del autobús parecía
haber leído al edagogo británico, ya que su gesto de arrojar

semillas de flores no iba en beneficio de ella misma, sino de los futuros pasajeros del vehículo y otros viajeros que hicieran ese recorrido. Es decir, procuraba ofrecer felicidad a un conjunto de «otros» desconocidos y anónimos, que podrían alegrar su espíritu contemplando las hermosas flores del camino.

Esa actitud ya refleja de por sí una profunda sabiduría, acompañada del desprendimiento y la renunciación que supone posponer la propia felicidad personal. O mejor dicho, convertirla en la satisfacción de hacer un poco más felices a los demás.

IV
La generosidad

«Si deseas la felicidad de los demás, sé compasivo
Si deseas tu propia felicidad, sé compasivo.»

Dalai Lama

Presentación

Cuando el Swami Dayananda propuso reunir un conjunto de historias sobre el tema de la generosidad, objeté que de algún modo ya lo habíamos considerado al tratar los apartados de la honestidad y la bondad. El gurú mostró su habitual media sonrisa, y me respondió con estas palabras:

–No es lo mismo, Brenda. La honestidad y la bondad son valores generales, que abarcan toda nuestra personalidad, mientras que la generosidad es una virtud activa, que necesita de un hecho concreto para manifestarse. Tú puedes ser honesta y buena sin moverte de tu sitio, e incluso por omisión, pero para ser generosa necesitas interactuar con alguien que es más pobre, más débil o más desdichado que tú, y ayudarlo activamente a salir de una situación de apuro. Tanto es así que un egoísta puede mostrarse generoso en según qué circunstancia, pero no alardear de ser una persona honesta o bondadosa.

Solo tuve que reflexionar unos momentos para aceptar que él tenía razón.

–Tengo las historias adecuadas, maestro –le dije–. Abriremos ese apartado sobre la generosidad.

El viejo y el río
Una anécdota de la historia americana

 La tormenta había amainado, pero la lluvia seguía empapando al anciano sentado sobre un tronco a la orilla del río Roanoke, en Carolina del Norte. El pobre hombre se estremecía de frío, sentía la nariz congelada y su barba escarchada por el crudo invierno de aquel año de 1805. El temporal lo había sorprendido casi al final de la jornada a pie para visitar a su hija y sus nietos, que vivían a unas pocas millas al otro lado del río. Pero el caudal de éste había crecido, y el viento helado embravecía sus aguas. El viejo comprendió que aún con veinte años menos sería arrastrado por la corriente si intentaba cruzar a la otra orilla. Por esa razón se había sentado a descansar sobre aquel árbol caído, sin saber muy bien por qué no emprendía el regreso a su casa.

De pronto oyó un confuso rumor que se acercaba, y pudo reconocer el chapotear de los cascos de varios caballos lanzados al galope. En efecto, un instante después surgieron de la espesura media docena de jinetes, que ni siquiera se detuvieron al verlo, si es que lo vieron. Metieron en el proceloso río sus cabalgaduras, que lo cruzaron sin vacilar como si se tratara de un charco. El viejo dejó caer los brazos que había agitado en el aire para hacerles señas y volvió a sentarse sobre el tronco. «Si yo tuviera un caballo –pensó–, ya estaría junto al fogón de mi hija, contándole historias a mis nietos». Entonces divisó entre la llovizna la figura de un jinete solitario que se aproximaba. Era un hombre alto y moreno, montado en un soberbio corcel bien enjaezado, que trotaba sin prisa por el sendero enlodado. El caballero iba elegantemente vestido, protegiéndose de la lluvia con la capucha de su grueso abrigo de piel. «Éste debe ser un arrogante señorón de los alrededores –pensó el viejo–; lo mejor será que ni siquiera intente pedirle ayuda.» Y acomodó el trasero sobre el tronco, dando la espalda al camino, inmóvil como una estatua de hielo. Pero para su sorpresa, el distinguido jinete enfiló directamente hacia él, sofrenando su caballo a un par de metros de distancia.

–Dios te guarde, abuelo –saludó–. ¿Qué haces en este sitio, congelándote?

–Me dirigía a casa de mi hija, señor; pero el temporal ha desbordado el río, y no se puede atravesarlo a pie…

–Claro que no, y menos aun a tu edad –sentenció el caballero–. Si lo deseas, puedo llevarte al otro lado a grupas de mi caballo.

El viejo, que se había incorporado, cayó de rodillas.

–¡Oh, gracias señor! ¡Sois muy generoso!… ¡Perder vuestro tiempo para ayudar a un pobre anciano!

–Déjate ya de gratitudes y monta de una vez, que pronto va a oscurecer.

El jinete se descalzó un estribo y el viejo lo usó para apoyar el pie, cogiéndose con ambas manos al pomo de la silla. Pero sus esfuerzos fueron vanos y resbaló varias veces, jadeando, sin conseguir pasar la otra pierna sobre el lomo del animal. Finalmente el caballero descabalgó, lo cogió por la cintura y lo montó sin esfuerzo sobre las ancas del corcel. Después atravesaron el caudaloso río sin mayores inconvenientes. Una vez al otro lado el jinete pidió al anciano que le mostrara el camino a la casa de su hija, y le ofreció llevarlo hasta allí.

–¡Oh, no debéis molestaros tanto por mí! –exclamó el viejo–. Ya bastante habéis hecho cruzándome a esta orilla en vuestro noble corcel.

–Pues no te bajes de él, que seguiremos cabalgando hasta tu destino. Quiero asegurarme de que llegas allí sano y salvo.

Al anciano se le saltaron las lágrimas ante la conmovedora nobleza del caballero, que una media hora después lo dejaba frente a la casa de su hija.

–Habéis sido demasiado amable, señor –declaró el viejo–. Cuando yo me helaba al borde del camino, pasaron ante mí varios jinetes que atravesaron el río sin detenerse o siquiera dirigirme una mirada. En cambio vos os detuvisteis al verme en tan triste situación, os desviasteis del camino y gastasteis vuestro tiempo para ayudar a este pobre viejo en apuros.

–Te agradezco lo que dices –respondió el caballero–. Espero que nunca esté tan ocupado en mis propios asuntos, como para no responder con afecto y compasión a las necesidades de los demás. Con estas palabras, el presidente Thomas Jefferson azuzó su caballo y retomó su camino hacia Washington.

Comentario

Hay quien dice que esta historia es inventada, o por lo menos adornada para remarcar su carácter ejemplar. En cualquier caso coincide con el documentado carácter honesto y generoso del presidente Thomas Jefferson. No importa demasiado si éste llevó efectivamente al viejo a casa de su hija, o sólo lo cruzó a la otra orilla; ni tampoco si el grupo de jinetes desaprensivos existió realmente, o fue introducido más tarde en el relato para remarcar el contraste con la bondadosa conducta del padre de la Constitución americana.

La otra mujer
Testimonio anónimo

Mi esposa y yo llevábamos veinte años de casados cuando ella me propuso que saliera con otra mujer. La miré estupefacto y le pregunté a quién se refería y qué se suponía que íbamos a hacer. «Oh, es una señora viuda a la que le gustas mucho –me explicó tan tranquila–; puedes invitarla a cenar y luego al cine o al teatro.» Sin salir de mi estupor intenté que me dijera la identidad de mi admiradora, pero ella se mantuvo en sus trece negándose a revelar el misterio. Pasé esa noche desvelado pensando en qué le estaba ocurriendo a mi mujer. ¿Se habría apuntado a uno de esos clubes de intercambio de parejas? ¿O a una secta que propiciaba el sexo libre y la promiscuidad? No podía imaginarla participando en esos ámbitos, y finalmente concluí que se había inventado lo de la «otra mujer» como un truco para poner a prueba mi fidelidad.

Unos días después ella volvió a referirse al asunto. Me dijo que la enigmática viuda estaba de acuerdo en salir conmigo el próximo sábado. Para que no hubiera inconvenientes ella, mi propia esposa, me había reservado una mesa para dos en un buen restaurante y comprado por Internet un par de entradas para el teatro. Le dije que no estaba dispuesto a pasar la noche con una desconocida y menos aún a cometer adulterio. «Tú eres la única mujer que amo –declaré–. ¿Qué tal si el sábado tú y yo aprovechamos esas reservas para cenar afuera y luego ir al teatro?» Ella me miró con una sonrisa pícara y murmuró: «Quizá en otra ocasión, cariño; este sábado ya tienes un compromiso.»

El sábado por la noche me estaba afeitando en el cuarto de baño cuando mi esposa subió a buscarme. «Mejor te das prisa, tu acompañante ya ha llegado», me dijo. Yo reaccioné con una especie de brinco involuntario. «¿Ella está en casa? –pregunté escandalizado–. ¿No crees que estáis yendo demasiado lejos?» Mi mujer me ajustó con mimo el nudo de la corbata. «Tú ven conmigo, esa señora está esperando abajo…» Bajé detrás de ella y al entrar al salón casi me desmayé del estupor. La misteriosa viuda, elegante y sonriente era… ¡mi madre!

Desde hacía doce años mi madre era, efectivamente, una señora viuda. No nos veíamos muy seguido, y casi siempre con prisas. Yo no disponía de mucho tiempo, ya fuera por asuntos de trabajo o por los problemas con nuestros tres hijos adolescentes, cada uno dando su guerra. Más o menos cada cinco o seis semanas mi madre venía a casa o yo pasaba por la de ella. Intercambiábamos un beso apresurado, una frase amable, y a veces una noticia doméstica intrascendente. Mi esposa siempre me reprochaba que no fuera un buen hijo, a lo que yo respondía que ya bastante tenía con ser un buen marido y buen padre. Sin duda por eso ella había montado aquella salida nocturna y allí estaba mi madre, con el vestido que había llevado en su último aniversario de boda, un discreto peinado de peluquería, y una sonrisa temblona en los labios pintados de un color casi imperceptible. «¿Qué es esto de cenar a solas? –me preguntó con aire preocupado–, ¿hay algo que no va bien?» Recordé entonces que para ella una invitación no prevista, una visita inesperada o una llamada nocturna suponían necesariamente una mala noticia. De modo que me apresuré a tranquilizarla asegurándole que no pasaba nada preocupante. «Pensé que sería agradable pasar un tiempo contigo –le dije en tono adulador, y acercándome a su oído susurré–: «Sólo nosotros dos, tú y yo».

Durante el trayecto en coche me explicó que había comentado mi invitación con sus amigas de las partidas de bridge. «Les expliqué que esta noche saldría a cenar y al teatro con mi hijo, y quedaron muy impresionadas –dijo con un matiz de orgullo–. Estoy segura que mañana me abrumarán con preguntas sobre todos los detalles de este encuentro.» No tuve que comentar esa afirmación, porque habíamos llegado frente al restaurante. No era un sitio de gran lujo, pero sí agradable y acogedor. Le ofrecí el brazo a mi madre, y recorrimos el pasillo entre las mesas con gesto altivo, como si ella fuera la Primera Dama de los Estados Unidos. Después de sentarnos me rogó que le leyera el menú, pues había olvidado traer las gafas. En una pausa de mi lectura emitió un suspiro nostálgico: «Cuando tú eras pequeño, era yo quien debía leerte la carta». Le tomé la mano que apoyaba en el mantel, dándole unas ligeras palmadas. «Pues ahora relájate, y deja que yo te devuelva el favor», le dije. En el transcurso de la cena tuvimos una amena conversación; nada muy trascendente, sólo simples novedades y detalles cotidianos de nuestras respectivas vidas. Dimos un largo paseo charlando de esto y de aquello, tan entretenidos que se nos pasó la hora de ir al teatro.

Al dejarla frente a su casa ella me dijo, con una mirada brillante: «Gracias, hijo, he disfrutado mucho al salir contigo. Me gustaría repetirlo, pero siempre que me permitas invitarte». Acepté a su pedido, sabiendo que eso completaba su noche de felicidad.

Unos pocos días después ella falleció súbitamente de un ataque cardiaco. Todo fue tan repentino que no tuvimos tiempo de reaccionar. Cuando fui a buscar sus cosas, la portera me entregó un sobre con mi nombre escrito en el dorso. En su interior había una reserva, abierta y pagada, por una cena para dos en el mismo restaurante donde habíamos comido juntos. Y también una nota manuscrita con su cuidadosa caligrafía:

«Como ves en el recibo adjunto, he pagado por adelantado la cena a la que quería invitarte. No estoy segura de poder ir, pero me alegrará saber que llevas a tu mujer a un sitio tan encantador. Nunca podrás imaginar cómo disfruté de nuestra velada, y lo mucho que significó para mí. Te quiero mucho, hijo».

Comentario

El hombre que me envió este conmovedor testimonio, se presentó como «un señor normal, de mediana edad». Luego explicaba que al leer la misiva de su madre comprendió la importancia de dedicar a nuestros mayores el tiempo y la atención que necesitan. Pocos lazos afectivos son tan importantes como las relaciones familiares, que a menudo se limitan al cónyuge y a los hijos. Pero también los padres necesitan demostraciones de cariño, algo que no siempre podemos postergar para «algún otro momento».

El violinista
Relato anónimo

En una concurrida calle céntrica de una gran ciudad un mendigo pedía limosna mientras tocaba el violín. Sus ropas desarrapadas mostraban viejas manchas de suciedad, y su rostro traslucía una máscara de agobiada resignación. Había dejado su boina frente a sí, sobre la acera, con la esperanza de que algún viandante piadoso dejara caer en ella unas monedas. Pero su aspecto desastrado y los chirridos desafinados que arrancaba al violín, sólo conseguían que la gente diera un rodeo o incluso cruzara de acera para no pasar delante de él.

Aquella tarde un famoso violinista ofrecía un concierto en un teatro que distaba apenas dos calles del puesto del pordiosero. Al finalizar la función, el virtuoso intérprete salió a la calle con su esposa y varios amigos en dirección a un restaurante próximo. Su camino pasaba junto al mendigo del violín, cuyas notas discordantes llamaron la atención del grupo. El concertista arrugó el ceño, algunos de sus acompañantes se taparon los oídos y otros rieron abiertamente de la torpeza musical del desdichado.

Pero la señora, lejos de burlarse, se sintió conmovida por la indigencia de aquel hombre. Pidió entonces a su marido que tocara algo en ese violín para atraer la atención de los transeúntes. El gran artista decidió complacerla. Cogió el instrumento, afinó con habilidad las cuerdas y tomó el arco con delicadeza. Escogió una pieza conocida y atractiva, cuyas notas sonaron a la perfección en el aire quieto del atardecer. Los amigos del magnífico ejecutante aplaudieron con entusiasmo y algunos paseantes se detuvieron en la acera para escucharlo. Poco después ya rodeaba la escena un numeroso grupo de gente, que disfrutaba y aplaudía el improvisado concierto, al tiempo que la boina del mendicante se iba llenando de monedas y billetes de variado valor. El artista proseguía inspirado su excepcional interpretación, en medio de la cual dirigió un guiño cómplice al entusiasmado pordiosero. Éste no cabía en sí de gozo, y saltaba entre la gente gritando: «¡Mi violín! ¡Es mi violín!».

Aquella noche, mientras tomaba una cena excepcional bien regada con un buen vino, el pordiosero se lamentaba por no haber seguido seriamente su vocación musical. «Si hubiera estudiado con ahínco esforzándome al máximo –le decía al tabernero–, tal vez ahora sería rico y famoso, estaría casado con una bella dama, tendría muchos amigos, y sería un hombre feliz.»

 Comentario

El swami escuchó esta historia en silencio, y luego se mantuvo callado, concentrado en su pensamiento. Finalmente alzó la cabeza y habló de esta manera:

A veces nos creemos felices, pero en el fondo de nuestra conciencia persiste un sentimiento difuso que yo llamo «autoculpa silenciosa». Es decir, una sensación de que algo hemos hecho mal o, como en el caso del violinista, no lo hemos hecho lo bastante bien. Esa autoculpa permanece en el subconsciente, pero sus efluvios influyen de forma silenciosa y subrepticia sobre nuestro estado de ánimo.

Lo curioso en el caso de esta historia, es que aunque el mendigo aparece como prototipo de la omisión que genera una culpa secreta, quizá el verdadero modelo de «autoculpa silenciosa» sea el gran violinista, que por algo responde al impulso de tocar en plena calle. Es decir, ocupa el papel de un mendigo que malvive tocando el violín. ¿Por qué? No lo sabemos, Brenda, pero este relato que parece muy simple oculta varias interpretaciones bastante complejas.

El anillo
Relato tradicional centroeuropeo

Quiso la casualidad que dos amigos de la infancia se encontraran en la calle siendo ya adultos. Uno de ellos era un hombre rico, que vestía con refinada elegancia. El otro, en cambio, llevaba un traje raído y unos zapatos muy deteriorados por el uso. Al apartarse después de los abrazos de rigor, cada uno advirtió claramente la situación del otro. El rico insistió en que cenaran juntos en un lujoso restaurante. El pobre aceptó, con la condición de que pagaran a medias.

Durante la excelente cena recordaron anécdotas del colegio y travesuras infantiles de la pandilla del barrio. Esos recuerdos estimularon las libaciones de un vino delicioso, y el amigo pobre, nada acostumbrado a los excesos, acabó durmiéndose en su confortable asiento.

El hombre rico aprovechó ese momento para pagar la cuenta completa. Luego se quitó de uno de sus dedos un valioso anillo de oro con un diamante de buen tamaño, y lo deslizó en un bolsillo del abrigo de su amigo. De esa forma esperaba no herir el orgullo del otro, ni humillarlo ostentando su riqueza, al tiempo de ofrecerle un considerable punto de partida para poder prosperar. Satisfecho de su buena acción despertó al durmiente, y ambos se despidieron hasta un nuevo encuentro.

Por supuesto ninguno de los dos telefoneó al otro para concertar una nueva cita. Ambos habían disfrutado de aquel reencuentro, pero la diferencia de posición que los separaba era muy grande, y temían que volver a ignorarla acabara en una situación embarazosa o, peor aún, en una desagradable ruptura de su amistad.

Pero el destino es testarudo y varios años después los dos amigos volvieron a encontrarse casualmente, casi en el mismo lugar de la vez anterior. El hombre rico comprobó con asombro que su amigo aún llevaba el abrigo raído y los zapatos rotosos del primer encuentro.

–¿Qué ha ocurrido? ¿Qué has hecho con el anillo? –preguntó.

–No sé de qué me hablas –declaró el otro–. Yo nunca he tenido ningún anillo.

–Claro que sí, un anillo de oro con un diamante muy precioso que me había costado una fortuna. Su valor te hubiera permitido realizar negocios e inversiones que te hicieran un hombre rico y feliz.

El hombre pobre retrocedió un par de pasos, tambaleante, clavando en el otro una mirada atónita.

–No…, no recuerdo que me dieras… ese anillo –balbuceó.

–En realidad no te lo entregué en mano –explicó el amigo rico–. Para que tu orgullo no lo rechazara, lo deslicé en el bolsillo de tu abrigo mientras dormitabas.

El hombre pobre, estupefacto, rebuscó en sus bolsillos hasta el fondo. De pronto extrajo con mano temblorosa el anillo de oro, con el valioso diamante engarzado en él.

–¡Ah, tonto de mí! –exclamó–. Todos estos años esforzándome de aquí para allá en busca de la felicidad, sin advertir que la llevaba siempre conmigo...

Comentario

El swami advirtió enseguida que había cierta similitud entre esta historia y el cuento del mendigo del violín. «En ambos casos –explicó–, una carencia u omisión del protagonista le impide alcanzar la felicidad.»

–De acuerdo, maestro –acepté–. Pero la diferencia consiste en que para desaprovechar los estudios musicales debió intervenir la voluntad del actual mendigo, mientras que el hombre del otro relato no halló la moneda por desidia o descuido, pero en una actitud involuntaria.

–O al menos, eso parece... –señaló él–. Cada vez más tiendo a creer que muy pocos actos humanos son ajenos a la voluntad de quien los causa. No sé si el ser descuidado puede calificarse como una actitud involuntaria, pero sí se que un hombre pobre acostumbra a revisar de vez en cuando sus bolsillos, casi como un gesto automático.

–Es verdad, Swami... –murmuré–. ¿Por qué nuestro hombre no lo hizo durante tantos años?

–No estamos seguros de que no lo hiciera, Brenda. Tal vez sí encontró el anillo en su abrigo, pero tuvo razones para no venderlo, o simplemente no estaba preparado para ser rico; es algo que suele ocurrir.

—¿Y qué pasa con el otro, el amigo generoso?

—Creo que se sintió feliz cuando regaló su valioso anillo, y que siguió siéndolo cuando supo que su amigo no lo había encontrado. La felicidad está en el acto generoso en sí, y no en sus resultados, aunque éstos pueden aumentar o disminuir la intensidad de esa felicidad.

—¿Conclusiones sobre esta historia?

—Nos enseña que no siempre es bueno ser generoso a escondidas, como el hombre rico; y que no debemos descuidar ninguna posibilidad de ser rico y feliz, como su amigo pobre.

V
La humildad

«Bienaventurados los mansos,
porque ellos poseerán la tierra.»

Mateo, 5:4

Presentación

Como en el caso de las Bienaventuranzas de Jesús, casi todas las religiones y teologías muestran elogios para los humildes y les reservan las mayores bendiciones. El problema es saber qué queremos decir con el vocablo «humildad». En la mayoría de las lenguas europeas se la define como la virtud de no ostentar los triunfos, reconocer los fracasos y debilidades, y no exhibir falso orgullo ni sentirse superior a nadie. Hay también, en último término, una referencia a la situación económica, expresada en la frase hecha «era de origen humilde». Con estos datos en mis apuntes consulté al gurú Saraswati sobre la posible relación entre la humildad y la felicidad.

«Los humildes suelen ser felices, me dijo, porque no tienen intención de serlo.» Esta sentencia coincide con una corriente de la filosofía occidental, ya definida por Séneca en el siglo I d.C. con estas palabras: «La mayor felicidad es no necesitarla», y asumida por el literato ruso Fedor Dostoyevski cuando escribe: «Te sientes infeliz porque no te das cuenta de que eres feliz». En resumen, la humildad es un componente moderador, que relativiza una utópica gran felicidad frente al goce sereno y casi inadvertido de una felicidad más cotidiana.

Campanilla
Hans Christian Andersen

 Era invierno, el aire era frío, el viento cortante, pero en el hogar se estaba abrigado y a gusto. Y Campanilla estaba en casa, en su bulbo bajo la tierra y la nieve. Un día que caía la lluvia, las gotas penetraron la capa de nieve, tocaron el bulbo de la flor, anunciando el mundo luminoso de arriba. Entonces un rayo de sol, sutil y penetrante, pasó a través de la nieve hasta el bulbo y llamó.

–¡Adelante! –dijo Campanilla.

–No puedo –respondió el rayo–, no soy lo bastante fuerte para abrir, pero seré más fuerte en el verano.

–¿Cuándo vendrá el verano? preguntó la flor, y volvió a preguntarlo cada vez que un nuevo rayo de sol se filtraba hasta allí. Pero faltaba tanto tiempo hasta el verano que el manto de nieve seguía cubriendo el suelo y cada noche el agua se helaba. ¡Cuánto dura! –se lamentaba Campanilla–. Me siento inquieta, quiero extenderme, alargarme, abrirme; ¡Debo salir! Quiero darle los buenos días al verano, ¡será un tiempo maravilloso!

La flor se alargó y se estiró contra la sutil corteza, que el agua había ablandado, la nieve y la tierra habían calentado y el rayo de sol había perforado. Así surgió sobre la nieve un brote verde claro sobre un tallo con hojas estrechas que parecían querer protegerlo. La nieve estaba fría pero casi totalmente fundida y era fácil atravesarla. De pronto apareció un rayo de sol que ahora tenía más fuerza que antes. –¡Bienvenida, bienvenida! –cantaron los otros rayos, y Campanilla se irguió sobre la nieve en aquel mundo resplandeciente. Los rayos la acariciaron y la besaron, y ella se abrió del todo, blanca como la nieve y adornada por listas verdes. Plegaba los pétalos con alegría y humildad.

–Hermosa flor –cantaban los rayos– ¡eres tan fresca y pura! Eres la primera, la única, eres nuestro amor. Anuncias el verano, el bonito verano del campo y de la ciudad. Toda la nieve se derretirá, los vientos fríos se marcharán, y nosotros reinaremos. Todo reverdecerá y tú tendrás compañía: las lilas, las glicinas, y finalmente las rosas; pero tú eres la primera, tan delicada y tan pura.

Campanilla sintió una cálida alegría, como si el aire cantara y resonara, como si los rayos de sol penetrasen en sus pétalos y sus estambres; estaba allí tan sutil delicada y frágil, pero tan fuerte en su juvenil belleza. Estaba allí, con su vestidura blanca con toques de verde, alabando al verano.

Pero aún quedaba tiempo antes del verano; pesadas nubes ocultaron el sol y los vientos destemplados soplaron sobre la florecilla.

–¡Has llegado demasiado pronto! –dijeron el viento y el frío–. Nosotros todavía tenemos el poder, ¡deberás adaptarte! Has debido quedarte encerrada en casa, en lugar de correr afuera para hacerte admirar; ¡aún no es el momento!

Hacía un frío punzante. Los días siguientes no trajeron ni un solo rayo de sol, y era tal el viento helado que podía quebrar a una florecilla tan delicada. Pero en ella había mucha más energía de lo que había sospechado, la fuerza de la alegría y de la esperanza en que el verano debía llegar, anunciado por su profunda inquietud y confirmado por la tibia luz de aquel primer rayo de sol. Resistió con esa esperanza, con su vestido blanco sobre la nieve blanca, plegando la corola cuando los copos caían densos y pesados, cuando los vientos helados soplaban sobre ella.

–Te destruiremos, –le decían–, te helarás y te quebrarás. ¿Por qué no te has quedado a cubierto en casa? El rayo de sol te ha engañado. Y esto es lo que mereces, florecilla que ha querido romper la nieve. ¡Rompenieve! –le gritaron en el frío matutino–. ¡Rompenieve! ¡Loca de verano!

–¡Loca de verano! –repitieron alegremente unos chiquillos que jugaban en el jardín–. ¡Mirad que bonita! Es la primera, la única, ¡miradla qué hermosa es!

Aquellas palabras regocijaron a la flor; fueron como un tibio rayo de sol. En su alegría no advirtió que la cortaban y luego la sostenía una mano infantil. Sintió entonces que la acariciaban suavemente, y la besaban unos labios de niña. Fue llevada a una habitación cálida, la contemplaron unos dulces ojos, y fue colocada en agua fresca, que la reconfortó y vivificó. La niña era encantadora, y tenía un amiguito muy simpático que pasaba unas vacaciones en otro pueblo.

–¡Será mi loca de verano! –se dijo ella.

Acto seguido cogió la flor y la colocó sobre un papel de carta, que casualmente tenía escrito un poema sobre la campanilla. Empezaba con «Loca de verano» y terminaba también con «Loca de verano». Luego ponía: «Amigo mío, sé un loco de invierno», todo escrito en versos. La niña plegó el papel de carta envolviendo la flor dentro. Campanilla quedó a oscuras, una oscuridad que semejaba la del interior del bulbo. Y así viajó al otro pueblo, comprimida dentro de un saco postal. No era agradable, pero todo tiene su fin, y concluido el viaje la carta llegó a manos del amigo de la niña, que la abrió y la leyó con gran alegría. Tanto fue su alborozo, que besó varias veces la flor y después la depositó junto con el papel en una caja que contenía otras cartas muy agradables, pero ninguna con una flor. Campanilla era otra vez la primera, la única, como la habían llamado los rayos de sol.

La flor recordó con placer esos momentos, a lo largo de aquel verano y del siguiente invierno. Al llegar el nuevo verano la sacaron a la luz, junto con todos los papeles. Pero el humor del chico había cambiado. Arrugó las cartas y poemas con rabia, provocando la caída al suelo de Campanilla. Estaba aplastada y marchita, pero eso no justificaba que la trataran así. Aunque mejor era estar tirada en el suelo que seguir el destino de los papeles epistolares, arrojados con furor al fuego encendido en la chimenea con ese fin. ¿Qué había ocurrido? Lo de siempre: La bonita flor era una broma y su amiga se había burlado del chico. Pero eso no era una broma; al llegar el verano había escogido a otro amigo.

Al día siguiente el sol brilló sobre la campanilla, tan aplastada que parecía pintada en el suelo. La mucama la descubrió al barrer, y la introdujo en uno de los libros que había sobre la mesa, pensando que se habría caído al cambiarlos de sitio para limpiar. Y de nuevo la flor se encontró entre poemas, esta vez impresos, que son mejor considerados que los manuscritos; o por lo menos se pagan algo.

Pasaron años y el libro que guardaba a Campanilla siguió en su anaquel. Un día alguien lo cogió, lo abrió, y comenzó a leerlo. Era un buen libro: poemas y canciones del poeta danés Ambrosius Stub*, al que vale la pena conocer. El hombre que en ese momento lo leía exclamó al pasar una página:

–¡Toma, aquí hay una flor! Una loca de verano; que sin duda pusieron aquí adrede.

Y contemplando la flor reflexionó: ¡Pobre Ambrosius Stub! También él fue un loco de verano, un poeta antes de tiempo. Se anticipó a su época y tuvo que soportar nevadas y vientos huracanados, yendo de aldea en aldea por tierras de Fionia**, como flor en florero, flor en carta rimada. Loco de verano, loco de invierno, bromista y bufón; y no obstante el primero, el único poeta danés que respira frescor juvenil... Sigue como señal en el libro, pequeña campanilla blanca, ya que te pusieron en él con intención.

Y la flor fue devuelta al libro, orgullosa y feliz de saber que era una señal en un ramillete de bellas poesías; y que aquel que por primera le había cantado y escrito versos sobre ella había sido también un loco de verano, e incluso en invierno lo habían tratado de loco. Campanilla lo comprendía a su manera, como todos comprendemos las cosas a la nuestra.

Y este es el cuento de la rompenieves, de la campanilla blanca, de la loca de verano.

*Ambrosius Stub (1705–1758): poeta popular danés nacido en Fionia, su variada obra incluye desde poemas filosóficos a poesías de amor, versos burlescos y canciones de taberna.
**Fionia. Segunda isla de Dinamarca en tamaño, situada en su región meridional. Es conocida por sus bellezas naturales y la amabilidad de sus habitantes.

Comentario

Lo interesante de este relato de Andersen es que Campanilla no aparece al comienzo como una flor humilde. Por el contrario, está orgullosa de su belleza, se deja adular por los rayos del sol, y pugna contra los riesgos del invierno para asomar pronto al mundo y dejarse admirar. Pero esa prisa le proporciona su primera derrota, que la hace algo menos presuntuosa. Ya en manos de la niña, se deja meter en un sobre dócilmente y aguanta sin quejas el encierro y el viaje. Los acontecimientos posteriores exigen a Campanilla mostrarse cada vez más humilde, lo que a su vez la acerca a la verdadera felicidad. Como el guerrero veterano que reposa, ella, la «Loca de Verano», se siente feliz descansando entre las páginas de un libro de poesías.

Le pasé al Swami esta interpretación mía del cuento de Campanilla, que él leyó atentamente. «Ser humilde siempre es un factor importante para ser feliz –me dijo–. Pero mucho más cuando esa humildad se alcanza después de haber sido orgulloso y fatuo, sufriendo varias experiencias que nos van despojando de esas características banales. Tú tienes razón, Brenda: muchos son humildes como guerreros en reposo, que han librado diversas batallas para conseguir la felicidad».

El silencio de las sirenas
Franz Kafka*

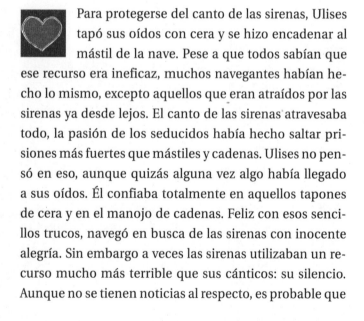 Para protegerse del canto de las sirenas, Ulises tapó sus oídos con cera y se hizo encadenar al mástil de la nave. Pese a que todos sabían que ese recurso era ineficaz, muchos navegantes habían hecho lo mismo, excepto aquellos que eran atraídos por las sirenas ya desde lejos. El canto de las sirenas atravesaba todo, la pasión de los seducidos había hecho saltar prisiones más fuertes que mástiles y cadenas. Ulises no pensó en eso, aunque quizás alguna vez algo había llegado a sus oídos. Él confiaba totalmente en aquellos tapones de cera y en el manojo de cadenas. Feliz con esos sencillos trucos, navegó en busca de las sirenas con inocente alegría. Sin embargo a veces las sirenas utilizaban un recurso mucho más terrible que sus cánticos: su silencio. Aunque no se tienen noticias al respecto, es probable que

*Franz Kafka (1883 – 1924). Escritor checo en lengua alemana, considerado uno de los mayores genios de la literatura universal.

alguna vez alguien se haya salvado de sus cantos, pero nunca de su silencio.

Ningún sentimiento humano sería comparable al orgullo de haber vencido a las sirenas con las propias fuerzas. Mas en efecto, ellas no cantaron mientras pasaba Ulises. Tal vez porque creyeron que a ese enemigo sólo podía herirlo el silencio, tal vez porque el resplandor de felicidad en el rostro de Ulises pensando en la eficacia de ceras y cadenas, les hizo olvidar sus canciones. Porque Ulises (para decirlo de alguna forma) no oyó el silencio. Estaba convencido de que ellas cantaban y de que a él su estratagema lo mantenía salvo. Primero entrevió fugazmente las curvas de sus hombros, el pecho agitado, los ojos llorosos, los labios entreabiertos. Pensó que todos esos gestos eran motivados por la melodía que lo rodeaba sin que él la oyera. El espectáculo comenzó a desvanecerse pronto; se aproximó hasta que las sirenas le llenaron la vista, y cuando más cerca estaba se fueron esfumando más hermosas que nunca. Se estiraban, se contoneaban, desplegaban sus cabelleras mojadas, aferradas con sus garras a las rocas. Ya no pretendían seducir a Ulises, sino atrapar por un instante más el brillante fulgor de sus ojos. Si las sirenas hubieran tenido conciencia, aquel día habrían desaparecido. Pero ellas permanecieron y Ulises escapó de su influjo.

La tradición agrega una variable a esta historia: Se dice que Ulises era tan listo, tan astuto, que ni los dioses del Destino conseguían penetrar en lo profundo de su mente. Por más que parezca increíble, tal vez él sabía que las sirenas guardarían silencio y sólo representó esa gran farsa para ellas y para los dioses, en cierta forma como protección contra ellos.

Comentario

El Swami Saraswati conocía el original de la *Ilíada*, por consejo de algunos discípulos europeos, pero no esta interpretación de Kafka sobre el episodio de Ulises y las sirenas. Después de que yo terminara de leérsela, reflexionó unos momentos y luego sugirió que Kafka utilizaba esa narración para mostrar cómo el tema del ingenio está presente en la búsqueda de la felicidad.

Le comenté entonces que los antiguos griegos dividían el mundo en dos ámbitos: uno habitado por los seres humanos, y otro por los dioses y su siempre numerosa descendencia. A su vez este mundo había sido repartido entre Zeus, que dominaba la tierra, y su hermano Poseidón, que era dueño del mar. De este dios descendían las sirenas, quizá las figuras más eróticas y sensuales de la mitología.

Poseidón había encomendado a las hermosas y provocativas sirenas que sedujeran con sus cantos a los navegantes, con el fin de atraerlos a su reino sumergido, del que nunca podrían regresar. Como es sabido, las sirenas eran bellísimas y tenían unas voces seductoras, pero su cuerpo femenino terminaba en las caderas, y el resto correspondía al cuerpo de un pez. Mas si algún marino conseguía resistir a sus atractivos, eran capaces de asumir su forma completa de mujer y trepar desnudas a los barcos para vencer su resistencia con posturas tentadoras y danzas insinuantes.

Volvamos ahora a Ulises, también llamado Odiseo. Después de luchar diez años en la guerra de Troya e inventar el famoso caballo de madera que permitió a los griegos vencer a los aqueos, decide que sólo será feliz si regresa a su reino en la pequeña isla de Itaca, en el mar Jónico, junto a su esposa Penélope. Inicia la travesía de retorno junto a un grupo de fieles guerreros, debiendo afrontar una serie de obstáculos y calamidades que le presentan los dioses partidarios de los vencidos para impedirle arribar a Itaca y allí ser feliz.

Manifestó el Swami queen este relato Kafka nos presenta dos hipótesis: La primera, que Ulises pensó que las sirenas cantaban pero él no las oía gracias a haber taponado sus oídos. La segunda, que sabía que las sirenas guardarían silencio, pero fingió protegerse de sus cánticos para desconcertar a los dioses. En ambos casos el héroe utilizó su imaginación y su ingenio para poder alcanzar la felicidad.

El despido
Un caso real

«Si buscas ser feliz totalmente solo,
nunca lo conseguirás.»
Demóstenes

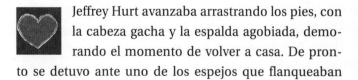 Jeffrey Hurt avanzaba arrastrando los pies, con la cabeza gacha y la espalda agobiada, demorando el momento de volver a casa. De pronto se detuvo ante uno de los espejos que flanqueaban

el escaparate de una sastrería. Contemplar su rostro en el cristal le produjo un estremecimiento de miedo y de rabia. Miedo por el color amarillento de la piel, las hundidas ojeras oscuras bajo los ojos febriles, y los pozos de sombra que se marcaban bajo los pómulos, como señales de la amargura que lo consumía por dentro. Rabia porque se sentía débil e impotente, incapaz de luchar por recuperar la autoestima y la energía espiritual que había perdido.

Al rato de andar, Jeffrey se dejó caer sentado en un banco de la plaza bordeada por la acera. Cada tanto se sentía impelido a recordar con detalle aquella trágica escena, como en una especie de exorcismo y ejercicio de autocompasión. Era un viernes antes del día de Acción de Gracias, y Jeff no se sorprendió cuando su secretaria le anunció que el jefe quería verlo. Tal vez Jim Barnes, el director de la firma, le ofreciera un ascenso, una paga extra, o al menos una calurosa felicitación. Pero la sonrisa que lucía al pasar la puerta se congeló ante la expresión grave y huidiza de su jefe, que le dio la mano sin mirarlo a los ojos.

–¿Ocurre algo, Jim?

–Toma asiento, Jeff –dijo Barnes, indicando el sillón ubicado frente a su mesa de alto ejecutivo–. Quiero hablar contigo.

–Claro, claro… –asintió Jeffrey mientras se sentaba.

–Las cosas no van bien, ¿sabes?

–Sí, Jim, lo sé. Hemos perdido algunos clientes…

Barnes se incorporó, llevándose a los labios un cigarro sin encender. Luego se dirigió al ventanal y cruzó las manos a la espalda.

–Yo diría que más que perderlos, los hemos ahuyentado, Jeff. No sólo por la crisis de los mercados, sino por no haber sido lo bastante cuidadosos. Esos pequeños errores produjeron pequeñas pérdidas. Pero eso no es lo grave, por supuesto –se apresuró a añadir–. Lo grave es que dos de los nuevos clientes advirtieron los fallos, y se han vuelto a pensar sus participaciones; o que una firma como Stilman & Font ha cortado las conversaciones para un futuro acuerdo...

–No sabes si fue por mis pequeños errores –lo cortó Jeff–. Se dice que tienen problemas internos...

–Mira, muchacho, no trates de escurrir el bulto –le advirtió Barnes–. El propio Bill Font me había dicho, antes de tus fallos informáticos, que pensaban aceptar un riesgo compartido en Japón. Ahora no han vuelto a hablar del tema...

–Si quieres, yo puedo intentar convencerlos. Conozco a Mark desde hace años y sé que...

–¡Tú aquí ya no tienes nada que ofrecer! –exclamó bruscamente Jim, apoyando las manos en su mesa y avanzando el torso.

Por un largo momento los dos hombres se miraron, inmóviles, como si alguien hubiera congelado la escena. Barnes con un gesto ambiguo que parecía de arrepentimiento por su brusquedad, Jeffrey Hurt con la boca y los ojos muy abiertos, reflejando una mezcla de sorpresa, dolor y dignidad herida. Fue él quien finalmente rompió el prolongado silencio:

–¿Estás pensando en... despedirme...? –preguntó con la voz quebrada.

Jim recobró su verticalidad y luego se repantigó en su sillón.

–No lo estoy pensando, Jeff –dijo en tono neutro, extrayendo una carpeta de un cajón del escritorio–. La cosa está decidida y he preparado tu renuncia, no tienes más que firmarla.

Abrió la carpeta y cogió dos hojas de papel que colocó frente a Jeff, una sobre otra, alisándolas con cuidado.

–Puedes leerla, por supuesto –murmuró.

Jeff se inclinó sobre el papel, pero no pudo leer su contenido. Las letras se confundían borrosas ante su vista, empañada por un velo de lágrimas. Cogió un pañuelo de papel del dispensador que tenía Jim sobre su mesa, se enjugó los ojos y se sonó la nariz. Luego miró a su jefe con rostro desolado.

–¿Por... qué? –musitó.

El otro lanzó un resoplido con un gesto de impaciencia, agitando las manos en el aire frente a sí.

–Porque ya no nos sirves –dijo con firmeza–. No consigues manejar los programas informáticos, y corremos un riesgo cada vez que te sientas frente al ordenador. Estás obsoleto, Jeff. Lo siento tanto como tú, pero debemos disponer de tu puesto antes de que cometas un error demasiado gordo.

–Sé que podré manejar esos programas –adujo Jeff–. Sólo necesito un poco más de tiempo...

–No tenemos tiempo, esa es la cuestión. En realidad ya vamos retrasados y cada día que pasa perdemos oportunidades de negocio. ¿Es que no lo comprendes?

Jeffrey miró a Jim a los ojos y leyó en ellos una apenada pero inapelable resolución.

–De modo que me dejas en la calle... –murmuró sin apartar la mirada.

–En la calle no, precisamente –dijo Barnes, poniéndose de pie para iniciar un nervioso paseo por su despacho–. En la segunda hoja está nuestra respuesta a tu dimisión. Te daremos un generoso finiquito y una recomendación muy laudatoria, como es costumbre. Además mantendremos durante un año tu participación en las ganancias.

–Un año... –musitó Jeff aturdido. Y se incorporó para marcharse sin despedirse.

Una vez en la calle, Jeff no supo adónde estaba. Sentía la garganta seca y un picor en los ojos. El corazón golpeteaba en su pecho y no conseguía centrar su mente. Echó una mirada alrededor sin reconocer el lugar. Luego se volvió, dio un paso hacia atrás para contemplar el portal que acaba de atravesar y la gris fachada del edificio. Entonces se despejó un poco su confusión y recuperó la imagen del corredor del tercer piso, la puerta de madera noble de doble hoja, y a su lado la brillante chapa dorada con su inscripción: «James H. Barnes y Asociados – Asesores financieros».

Sintió un nudo en la garganta al pensar que ya no volvería a entrar por esa puerta, que durante los últimos veinte años había atravesado cinco días por semana, y a veces seis o incluso siete, para aprovechar la quietud del domingo. Cuando Jim fundó su pequeña empresa, Jeff fue uno de los primeros colaboradores que contrató. En poco tiempo se convirtió en la mano derecha de Barnes, ocupándose de las operaciones más arriesgadas y complejas. Jim y él habían ido desarrollando una especial amistad, hecha de complicidad, empatía y admiración mutua. Juntos discutían y decidían ciertas inversiones de alto riesgo, que Jeff colocaba en el momento justo y por la suma adecuada. Esas operaciones no eran en absoluto ilegales, pero ellos las llevaban aparte del resto del equipo y a veces sin consultar al propio cliente. De todas formas, Jeff se cuidaba de que el riesgo no superara la capacidad de la firma para devolver la inversión en caso de fracaso. Aunque rara vez habían fracasado.

Y ahora aquel jefe y amigo en quien confiaba ciegamente lo había puesto en la calle. Sin aviso previo, sin darle tiempo a adaptarse, y sin ofrecerle alguna alternativa. Ya no le servía, como un traje viejo y gastado, y lo había arrojado a la basura. Este pensamiento dio cauce finalmente al llanto que se sostenía al borde de sus ojos. Las lágrimas se deslizaron por su rostro empalidecido, dándole un aspecto entre trágico y ridículo.

Jeff Hurt entró en su casa con el mismo ritual que oficiaba habitualmente. Colgó el abrigo y el sombrero del perchero del recibidor; se quitó la chaqueta, que dobló sobre el brazo, y entró animosamente en la sala, saludando a todos y a nadie: «¡Hola gente! ¡Papá ya está aquí!». La voz de Susan le llegó como un eco desde la cocina: «¡Hola, Jeff!»; pero nadie salió a recibirlo. Se dirigió al mueble bar del salón, se sirvió un dedo de whisky sin agua ni hielo y se lo bebió de un trago. Había decidido no informar a Susan ni a sus hijos de la escena con Jim Barnes, y menos aún de sus consecuencias. Ya lo haría cuando llegara el momento apropiado. Se sirvió un segundo vaso, bastante más lleno y decidió pasar a la cocina para buscar hielo y enfrentarse con Susan.

–Hola cariño, ya estoy aquí –dijo, procurando que su voz sonara jovial.

–Hola –respondió ella con una sonrisa–. ¿No te has servido demasiado whisky?

Jeff cogió dos cubitos del congelador y los echó en el vaso.

–Quizás… –admitió, haciendo tintinear el hielo–. Pero por una vez no tiene importancia. Además mañana no iré a la oficina, me he tomado el día libre.

Susan arqueó las cejas.

–Tú nunca te tomas el día libre, Jeff Hurt.

–Es que últimamente me siento algo cansado –mintió.

–Pues sí –dijo ella aproximándose–. Se te nota en la cara… ¡Tienes un aspecto terrible!

–Ya ves, cara de cansado. O tal vez me estoy haciendo viejo.

–Aún no tienes edad para hacerte viejo, pero tu cara no me gusta nada.

Durante la cena Jeff se esforzó en actuar con naturalidad. Se interesó por los exámenes de su hija Eileen; celebró en forma algo exagerada un chiste de Mark, el mayor, y hasta contó otro de su propia cosecha. Pero las risas parecían algo artificiales y Susan no se rió en absoluto. Esa primera prueba pareció agotar la capacidad de simulación de Jeff. Al día siguiente, de supuesto descanso, bebió sólo una taza de café con un chorro de whisky y fue a encerrarse en su despacho llevándose la botella. Sin embargo el alcohol, en lugar de animarlo, lo sumió en una depresión aun mayor, apenas soportable. Acercó su sillón a la ventana y permaneció allí un largo tiempo mirando a la calle, pensando en la ingratitud de Jim Barnes y en lo desesperado de su situación. A mediodía asomó Susan para anunciarle el almuerzo. Él intentó esconder la botella, pero el bufido de ella le indicó que la había visto. Come tú con Eileen –le dijo–. Yo no tengo hambre. Susan cerró la puerta con un nuevo bufido, más fuerte que el anterior. Por la noche Jeff se presentó a la cena, con el semblante de un condenado a muerte. Se sentó en su sitio con la mirada perdida, y apenas probó algún bocado. Sus hijos intentaron hacerle participar en la conversación pero él permaneció ausente, ante la mirada preocupada de Susan.

Se suponía que al día siguiente Jeff debía ir a la oficina, y él decidió seguir fingiendo. De modo que después de una noche poblada de malos sueños, se arrastró de la cama a la madrugada, dispuesto a no permitir que Jim Barnes estropeara su vida. Para empezar debía constatar el monto de la indemnización que le había depositado Barnes y Asociados; y ponerse a buscar un nuevo trabajo. Consultó la página web de su banco, y debió reconocer que Jim se había mostrado magnánimo. Con el dinero recibido podía mantener el ritmo de vida de su familia durante por lo menos un año, lo cual le concedía tiempo más que suficiente para encontrar un nuevo empleo. Con esa idea en mente, se propuso redactar una lista de los amigos, colegas y conocidos a los que pensaba consultar. Acabó de vestirse, bajó a la cocina, y se permitió dos tostadas con el café. Luego se despidió y salió apresurado porque, según dijo, estaba llegando tarde a la oficina.

–Parece que papá está mejor –comentó Eileen apenas salió Jeff.

–Está fingiendo –sentenció Susan–. Lo conozco bien.

Una vez en la cabina telefónica de un bar del barrio, la primera llamada de Jeff fue para Art Dudley, uno de sus mejores amigos y colegas, que ostentaba un puesto bastante alto en Ernst & Young.

–¿De modo que Jim Barnes te ha hecho esa faena? –se escandalizó Dudley–. No me extraña, Jeff. Siempre pensé que en el fondo era un tipo miserable… ¿Cómo dices…? Hombre, no te será fácil encontrar algo… A tu edad, sin experiencia informática y dimitido de una firma conocida… ¿Yo? Ni hablar, muchacho; ahora mismo estoy cuidando mi propio trasero, ¿sabes…? En tu lugar, iría pensando en retirarme. Ese cabrón de Barnes te habrá dado una buena compensación, ¿no?

Jeff colgó sin responderle. Mientras repasaba su lista de números de teléfono, pensó que también Art Dudley era un tipo miserable. Siguió llamando a otros conocidos, pero la mayoría estaban «reunidos» o le hacían decir que ya lo llamarían. Los pocos que se pusieron al teléfono recitaron ligeras variantes del huidizo discurso de Art Dudley. Al parecer, nadie podía o quería ayudarle a encontrar un nuevo empleo.

En los días que siguieron Jeff Hurt continuó fingiendo que cada mañana se marchaba a su trabajo en James H. Barnes y Asociados. No obstante sabía que esa comedia no podía durar mucho tiempo. Comenzó a relajar los horarios de salida y regreso, o a dejar de inventarse las anécdotas del trabajo que al principio contaba en la cena familiar. Finalmente su conciencia lo traicionó, y se le escapó un comentario sobre la nueva exposición que había visto esa mañana en el Museo de Arte Moderno. Se interrumpió al advertir su despiste, y los demás permanecieron en un tenso y prolongado silencio.

Finalmente, con la voz quebrada y vacilante, Jeff hizo una confesión de su despido ante la familia enmudecida. Cuando acabó Susan le oprimió con fuerza la mano, ofreciéndole una lacrimosa sonrisa. Los hijos mantuvieron un breve cuchicheo y luego Mark tomó la palabra.

–No es para tanto, papá –dijo animoso–. Estás en la flor de la edad, sabes todo lo que hay que saber sobre inversiones, y eres un gestor honesto y creativo...

–¿De qué me sirve todo eso si nadie me contrata? –replicó Jeff, abatido.

–¡Contrátate a ti mismo! –terció Eileen con vehemencia–. ¡Crea tu propia agencia!

–Es una gran idea –insistió Mark–. ¡Tú puedes hacerlo, papá!

–Tal vez... –admitió Jeff–. Pero yo solo..., es imposible.

–¡Nosotros te ayudaremos! –se exaltó su hija–. Por lo menos debes intentarlo, ¿no crees?

Jeff no sabía en qué creer. Pasó la noche desasosegado, dándole vueltas a la propuesta de Eileen. Quizá valiera la pena, pero debería invertir casi todo el dinero que le había liquidado Jim Barnes, y por supuesto pensar y trabajar todo el tiempo para crear una firma de la nada. Poco a poco fue reaccionando de su desánimo y comenzó a pensar que la idea tal vez funcionara. Y se durmió de golpe, para soñar que lo acunaba el cariño de Susan y los chicos. A la hora del desayuno les comunicó con cierta solemnidad que había decidido afrontar el desafío de crear su propia empresa. Y los tres corrieron a abrazarlo y cubrirlo de besos.

Un año más tarde Jeff era el director general de Jeffrey M. Hurt e Hijos, una pequeña firma de asesores de inversiones que se venía abriendo un espacio en ese competitivo sector. Sus clientes reconocían la experiencia, honestidad y prudencia en la gestión de sus valores, junto a una discreta audacia cuando se presentaba una buena oportunidad. Jeff trabajaba muchas horas al día, empleando los programas informáticos que Mark le había ayudado a dominar, mientras Eileen era una eficiente secretaria y Susan se ocupaba de llevar escrupulosamente las cuentas. Jeff disfrutaba de su trabajo, se sentía apoyado por su familia, apenas probaba el alcohol, conservaba su buena salud, solía reunirse con amigos, colegas o clientes para salir de pesca o jugar a los bolos, y podía decirse a sí mismo que era un hombre feliz.

Comentario

En un primer momento Jeff, llevado por su desesperación, cometió un error, declaró el Swami. Se
equivocó al buscar en sus propios colegas la ayuda para encontrar otro empleo. Por lo que sé del tema, en Occidente va-
loráis más la competencia que la solidaridad, y eso hace muy
difícil que alguien de tu misma profesión se preocupe por ti.

—Así es, Maestro —le dije—, Si has perdido tu empleo,
te conviertes en una especie de basura despreciable, de en-
gendro incapaz, de enfermo contagioso…En suma, eres un
perdedor. Y nadie querrá aparecer ante los demás ayudando a
un perdedor.

—Piensa que Jeff Hurt sufrió este desprecio en carne propia, y comprendió que ese no era el camino. Al principio tal
comprobación lo hundió aun más en su desesperanza, por
lo que buscó consuelo confesando la verdad a su familia.
Pudo asimismo aceptar la idea que le propusieron sus hijos,
y su apoyo para sacarla adelante. No eran profesionales, pero

amaban a su padre, que supo comprender a tiempo que debía buscar apoyo en las personas que más lo querían.

El reencuentro
Testimonio personal*

Voy retrasada, como siempre, y subo velozmente los cuatro escalones que me separan de la parada del autobús, el mismo que desde hace veinte años me lleva al trabajo. El trayecto es largo, el viejo bus recorre varios kilómetros en descenso entre las colinas de la Baja Brianza, una encantadora región de Lombardía, hasta alcanzar la planicie donde se encuentran varias industrias que emplean a muchas de nosotras, mujeres trabajadoras. Yo estoy en una fábrica de muebles a cargo del sector de ventas, con tal empeño y eficiencia que recientemente fui ascendida a responsable de la nueva estructura más amplia, que incluye los mobiliarios de moda.

Es una mañana como tantas, que se anuncia semejante a las otras. Estoy en el portal de casa, el sol relumbra en esta primavera reciente; me ajusto las gafas de sol, la luz me encandila, miro alrededor y no veo a nadie, como siempre. A esta hora matutina el pueblo está silencioso y yo me apresto a iniciar una nueva jornada, una vez más con un amargor en la boca; el amargor de la soledad, el amargor del sufrimiento que llevo en mí desde aquel maldito día en que mi hija, abriendo la puerta de casa me gritó:

–¡Adiós para siempre, mama! ¡Para mí estás muerta!

*Transcripción de Annamaria Tanzella.

«Débora, mi amor –musito en voz baja–, continúo viviendo porque la esperanza de volver a verte me ayuda a vivir, y cuando vuelvas deberás encontrarme. Yo fingiré que no ha pasado nada y te acogeré como si hubieras salido de casa pocas horas antes».

Las que estamos haciendo la cola nos conocemos todas un poco:

–¡Hola, Silvana! ¿Cómo te van hoy las cosas? –me pregunta sonriendo Cesarina.

–Van muy bien. Soy la persona más feliz de mundo –le respondo con amargo esarcasmo.

–¡Venga, Silvana! Verás que Débora regresa –me dice comprensiva–; se le pasará. ¡La mama es siempre la mama!

Avanzamos con cuidado por el estrecho pasillo del autobús, a la búsqueda de un asiento libre. Encuentro uno y me acomodo, abriendo el bolso para guardar las gafas de sol, mas la luz deslumbrante alcanza mi sitio y me las coloco de nuevo. Apoyo la cabeza en el respaldo mientras el lento balaceo del autobús me induce a recordar, y retorno mentalmente a aquella tarde…

Débora y yo éramos felices; no nos faltaba nada: una hermosa casa, un trabajo digno que tenía desde el inicio de mi matrimonio, después destrozado cuando aquel miserable de mi marido decidió marcharse a otra ciudad con una rubita oxigenada. No obstante Débora creció sin problemas y después de obtener su diploma había conseguido empleo en un centro comercial. Cuando nos reencontrábamos, después de una jornada de trabajo, era siempre una fiesta, como si fuéramos dos amigas de la misma edad. No había secretos entre nosotras, yo conocía sus historias de amor e intentaba ponerla en guardia, después de la experiencia negativa que había tenido con su padre. Todo era perfecto... ¡hasta aquella tarde!

–Ya he vuelto, Silvana, ¿dónde estás?

Le agradaba llamarme por mi nombre, sobre todo en momentos de alegría.

–Estaba en el baño, tesoro –al abrazarla noté que estaba temblando–. ¿Qué te ocurre? Estás como electrizada...

–Prepara una cena estupenda, mama: ¡Esta noche conocerás a mi prometido!

–¿Prometido? ¡Qué exagerada! Será como los otros chicos, tienes sólo dieciocho años –vacilé al ver el brillo de sus ojos–. ¿No estarás hablando en serio?

–Él no es un chico, mama, es distinto, mayor, todo un caballero... Cuando lo conozcas entenderás. ¡Nos casaremos, Silvana, nos casaremos!

Me quedé preocupada, pero para fingir que no lo estaba preparé una cena especial y me puse un bonito vestido. Al mirarme en el espejo la imagen que reflejaba no estaba nada mal, podía sentirme orgullosa de mí misma. Con mis treinta y ocho años mantenía un aire muy juvenil, y muchos creían que era hermana de Débora. Cuando iba a presentarme, lo vi a través de la puerta cristalera que daba paso a la sala.

–¡No!–me dije–. ¡Él no!

Lo conocía muy bien. Cuando tenía la misma edad que ahora mi hija, también yo había caído, enamorándome de aquel infame y mentiroso tenorio. Nos habíamos cruzado por la calle y me había seguido. A poco de entrar en casa comenzó a sonar el teléfono. Era él:

–¿Eres tú la hermosa joven de hace un momento, en la calle?

–¿Cómo dice... ¿y usted quién es?

–Lo sabes bien, he visto que me mirabas.

–¿Cómo ha conseguido mi número? –le pregunté, y luego lancé un suspiro–. Déjelo estar, ya comprendo: leyó nuestro apellido en el buzón y luego lo buscó en el listín...

–Dime a qué colegio vas, así paso a buscarte.

Así comenzó nuestra historia. Me sentí fascinada por su elegancia, su cultura, y también por su buena posición. En poco tiempo estaba por caer en sus garras, cuando un buen amigo me puso en guardia y lo enfrentó, librándome para siempre de su presencia. Y ahora lo volvía a ver en mi casa, con mi hija; después de veinte años no había perdido el vicio de perseguir a las chicas bonitas. Pero esta vez –pensé– tendrás que vértelas conmigo, ¡depravado!

Entré en la sala y él se incorporó con desenvoltura.

–Es un placer conocerla, señora; Débora me habla mucho de usted y de todos los sacrificios que ha hecho por ella. ¡La quiere tanto, tanto que...!

–¡Termina con esta comedia! –lo corté indignada–. ¿No te acuerdas de mí? No he envejecido tanto. ¿Te dedicas siempre al mismo juego? ¡Cerdo asqueroso! Deja tranquila a mi hija, que corta contigo ahora mismo. ¡Fuera de aquí!

Débora se enfrentó a mí, enfurecida:

–¡Cómo te atreves, mama! Yo lo amo, estamos por casarnos, y tú quieres estropearlo todo.

–Despáchalo de aquí, tesoro; para él eres sólo una conquista más.

Oí entonces el golpe de la puerta de calle al cerrarse; Débora había salido con él. Caí exhausta y vencida en el diván, y rompí a llorar sin darme cuenta del tiempo que pasaba. Cuando salí de aquel sopor el reloj marcaba la medianoche. Oí el rumor de la llave en la cerradura. Era ella, Débora, que regresaba. Fue a su cuarto sin decir palabra y regresó con una pequeña maleta. Me miró de reojo, y esa mirada traspasó mi corazón.

–¿Todavía sigues enamorada de él, verdad? –preguntó con acritud–. Me ha relatado vuestra historia juvenil, y es por eso que has querido denigrarlo. ¡Me voy, mama, tú para mí estás muerta!

Noto la frenada del autobús, que me arranca bruscamente de mi sopor. Los recuerdos se esfuman en el bullicio de la llegada. Me incorporo, cojo mi bolso y me giro hacia las que vienen detrás para saludar antes de bajar, en un gesto formal de buena educación. Entonces la veo, tan sorprendida como yo:

–Mama... ¿Eres tú? No has cambiado, ¡serás siempre la misma Silvana!

Nos abrazamos impulsivamente y no hacen falta palabras ni explicaciones. El viejo autobús ha obrado el milagro de devolverme a mi hija perdida, y a ambas nos embarga el profundo placer de perdonar.

Brenda Barnaby

Comentario

Es evidente que Silvana tenía muchos agravios que reprochar a su hija. Sin embargo, como ella misma dice, optó por «el profundo placer de perdonar».

Según la palabra del Swami Saraswati, quien más ha sufrido por la conducta de otro, muestra mayor tendencia a disculparlo. Quizá porque no soportaría el dolor de un nuevo enfrentamiento; tal vez porque necesita desesperadamente recuperar la felicidad anterior. Esta parece ser la motivación de Silvana, que tan solo al ver a Débora se arroja en sus brazos sin rencor ni reproches.

Aquí participa con toda su callada fuerza la humildad de las dos mujeres, que deben renunciar a sus ofensas y resentimientos, para alcanzar un bien difícil y muy valioso: la felicidad compartida.

VI
El discernimiento

> *«Sólo hay felicidad donde hay virtud
> y empeño serio, pues la vida no es un juego.»*

Aristóteles

Presentación

De acuerdo con los diccionarios, el discernimiento es la capacidad de contrastar y juzgar dos elementos, separándolos para calificar a cada uno. El ejemplo más frecuente es el de una persona y un hecho delictivo, buscando establecer la culpabilidad o inocencia de esa persona.

Dijo el maestro Saraswati al tratar este tema: «El buen discernimiento es una virtud curiosa, que ocurre en el pensamiento y puede evitarnos grandes fracasos en la búsqueda de la felicidad».

–¿Por qué la considera curiosa, Swami?

–La que llamo «curiosa» es la que debemos emplear cuando juzgamos a otras personas. Un error en esos juicios puede llevarnos a enfrentamientos que amenacen nuestra felicidad.

–Tampoco los relatos que escogimos para este apartado son tan trágicos…

–Es verdad Brenda. Pero son ejemplos de cómo el orgullo y el prejuicio nos pueden llevar a juicios equivocados. Y, en una situación más seria, esos pensamientos errados podrían afectar profundamente nuestra felicidad.

La vecina descuidada
Un caso real

Cuando sus hijos se independizaron, Rosa y su marido decidieron vender su casa en el pueblo y trasladarse a la ciudad. Allí compraron un piso muy confortable y más que suficiente para un matrimonio solo. Pero a poco de haberse instalado Rosa descubrió el único defecto de su nueva vivienda: el patio de luces que compartía con el piso de enfrente era demasiado estrecho. Tanto, que cuando ella asomaba al lavadero con la ropa para secar, la colada de su vecina casi le daba en la cara. Y lo más desagradable, las prendas recién lavadas colgaban mostrando unas desagradables manchas.

«¡Qué mujer más descuidada! –pensó–. Trae a secar la ropa sin darse cuenta de que aún tiene esas manchas.»

Rosa le comentó el problema a su esposo, quien le aconsejó que tuviera paciencia. Según él, al ser nuevos en la finca no convenía aparecer como vecinos conflictivos. Ella siguió ese consejo, aunque se sentía cada día más molesta por la suciedad que mostraba la ropa del piso de enfrente.

Un tiempo después vino a visitarlos la hija mayor, para conocer el nuevo hogar de sus padres. Les dijo entonces que salieran a pasear o fueran al cine. Ella se encargaría de terminar la limpieza del piso y preparar una rica cena. Rosa decidió no mencionarle lo de la ropa sucia, porque era un tema poco agradable y su hija nada podía hacer para remediarlo. La sobremesa se prolongó hasta tarde, y la joven se quedó a pasar la noche. Al día siguiente acompañó a Rosa al lavadero para ayudarla a tender la ropa. Mientras lo hacían, comentó en tono casual:

–Por cierto, mamá, ayer limpié a fondo el lavadero y la ventana que da a este patio. ¡No te imaginas la mugre que se había acumulado!

Rosa oyó ese comentario como una vergonzante revelación. Dirigió la mirada hacia la ropa de la vecina, que lucía totalmente limpia sin un solo rastro de manchas.

«¡Vaya! –pensó–. Nunca volveré a juzgar a alguien por las apariencias!»

———◆———

Comentario

Este relato introduce el concepto de «apariencia» como factor de engaño y muy a menudo de auto-engaño. A ese respecto afirman ciertos ocultistas que «lo que parece no es, y lo que es no parece» para sostener la incapacidad humana de conocer realmente el mundo.

Según el pensamiento del Swami Dayananda Saraswati, esa fe en la apariencia proviene de que los seres humanos acostumbramos a reconocer y juzgar las cosas según las percibimos con los sentidos físicos. No solemos acompañar esa percepción con la intuición y la reflexión sobre la verdadera esencia de la cosa juzgada. Así, si vemos que la colada del piso de enfrente está sucia, de inmediato culpamos a la vecina, sin detenernos a pensar si puede haber otra causa para esas manchas en su ropa lavada.

———◆———

El paquete de galletas
Relato anónimo

Una elegante señora ya mayor que vivía en un pueblo debía viajar a la capital para hacer unos trámites. Al adquirir su billete el taquillero le informó que su tren llevaba más o menos una hora de retraso. La dama inició una protesta contra la impuntualidad de los ferrocarriles, que el empleado fingió no oír. «Los jóvenes de hoy día no tenéis educación» dijo ella a modo de despedida. Luego, malhumorada, se dirigió al kiosco de la estación. Allí compró una revista de cotilleos, un paquete de galletas dulces y un botellín de agua, resignada a aguardar a que llegara el tren retrasado.

La dama se dirigió a la sala de espera y se sentó con un suspiro en el extremo de un banco. Acomodó sus cosas del otro lado, evitando así la posibilidad de que alguien se sentara muy cerca de ella, ya que le molestaba la excesiva proximidad de un desconocido. Luego desplegó su revista y fue mirando con escaso interés las ilustraciones. Al rato ocupó el mismo banco un joven con aspecto de estudiante. Pidió permiso para sentarse, y lo hizo respetando escrupulosamente las cosas de la señora. Al menos en apariencia, porque poco después cogió el paquete de galletas y lo abrió sin decir palabra. Luego, mientras masticaba la primera galleta, extrajo un periódico del bolsillo y se sumió en su lectura.

El joven continuó leyendo y consumiendo las galletas, una a una. La dama, por su parte, iba pasando del asombro a la indignación ante el sorprendente descaro de su vecino de banco. Su buena educación le impedía montar una escena en un lugar público, pero tampoco podía ignorar el atrevimiento de ese ejemplo viviente de «joven de hoy en día». Dispuesta a propinarle un rapapolvo sin palabras, extrajo una galleta, la sostuvo frente a su descarado vecino de banco, y se la llevó ostensiblemente a la boca. El joven asintió, tomó otra galleta, la mostró a la dama con una sonrisa, y también la engulló. Ella, con una mirada de rabia clavada en él, se comió otra galleta. El curioso duelo de miradas, galletas, sonrisas y gestos silenciosos continuó durante un buen rato, el joven siempre sonriente y la señora cada vez más enfadada. Hasta que ella comprobó que sólo quedaba una galleta en el paquete. «No se atreverá a coger la última pensó, no puede ser tan grosero.» Pero el joven, tan tranquilo, sacó la galleta del paquete y con mucho cuidado la partió exactamente en dos mitades. Ofreció una a la dama, que la cogió con un gesto hosco, y él se llevó la otra a la boca ampliando su eterna sonrisa. Luego hizo un bollo con el papel del paquete y lo arrojó en la papelera que había junto al banco. En ese momento arribó por fin el tren retrasado. La señora se incorporó, cogió sus cosas, y se dispuso a subir lanzando al joven una última mirada de indignado reproche.

Una vez acomodada en su asiento, la dama sintió la garganta reseca. «Debe ser por la desagradable escena que acabo de soportar», se dijo, mientras abría su bolso en busca del botellín de agua. Entonces deseó que se la tragara la tierra. En el fondo del bolso se encontraba su paquete de galletas, todavía sin abrir.

Comentario
Es esta una historia típica de desencuentro, motivado por la percepción prejuiciosa de un personaje respecto a otro. Su relación con la felicidad es simbólica, en

tanto una eventual armonía formal entre la señora y el joven, una felicidad compartida simbolizada por el consumo de las galletas.

Pero la señora que protagoniza esta historia, pone en la percepción de lo que ocurre sus prejuicios sobre la juventud (que se anuncian ya en su diálogo con el joven taquillero). Cuando ve a su vecino de banco comer una galleta supone inmediatamente que pertenece a «su» paquete, sin siquiera intentar comprobarlo. Y esa errónea certeza la lleva a enfadarse y amargarse cada vez más a lo largo del relato, hasta descubrir su error.

La esposa sorda
Un cuento británico

 Un hombre de mediana edad advirtió que su mujer parecía estar perdiendo la audición. «Tal vez necesite la ayuda de un audífono», pensó.

Pero la señora tenía terror a las consecuencias del paso de los años, y gastaba un carácter fuerte. Su esposo no se atrevía a decirle a la cara que se estaba quedando sorda, ya que aparte de enfurecerla, era posible que la observación, dicha a bocajarro, fuera contraproducente. El hombre decidió consultar a un amigo médico sobre la mejor forma de encarar el asunto.

–Lo primero que hay que saber es si realmente ha perdido audición –dijo el doctor mientras ambos bebían una cerveza en un pub del centro–. Y en ese caso, establecer hasta qué punto ha avanzado su sordera.

–De acuerdo – asintió el otro–. ¿Pero cómo hago para que ella acepte ver a un especialista?

–No será necesario. Existe una forma simple para que tú mismo averigües su grado de audición.

–¿Y qué debo hacer? –preguntó el hombre, interesado.

–Mira, en primer lugar te colocas a unos cinco metros de ella y le haces una pregunta en tu volumen de voz habitual. Si no te responde te acercas a cuatro metros, y así sucesivamente, metro a metro, hasta que ella te oiga.

Esa noche, mientras su mujer se atareaba en la cocina, el hombre se plantó en el comedor, a unos cinco metros de ella, y preguntó con voz normal:

–Cariño, ¿qué tenemos para la cena?

No hubo respuesta. El hombre avanzó un metro en dirección a la puerta abierta de la cocina y repitió:

–¿Qué cenaremos esta noche, amor?

La esposa continuó en silencio, por lo que él avanzó hasta situarse a unos tres metros de ella:

–¿Qué preparas para la cena, cielo?

Otra vez no hubo respuesta y el hombre comenzó a preocuparse ante la dureza de oído de su esposa. Entró en la cocina y se detuvo a dos metros de ella:

–¿Qué vamos a cenar hoy, querida?

Silencio. Él, ya muy preocupado, se acercó un metro más a la espalda de ella.

–¿Qué nos vas a dar esta noche, Janet?

Ella se giró con un resoplido y exclamó:

–¡Pollo al horno! ¡Es la quinta vez que te digo que habrá pollo al horno para la cena!

Comentario

La paradoja de este divertido cuento inglés consiste en que la supuesta mujer sorda oye perfectamente, y en cambio es su marido el que tiene problemas de audición. No obstante está convencido de que la que sufre el problema es su esposa, y ni siquiera se plantea que pudiera ser él. El simbolismo de la historia refiere a una actitud muy frecuente en ciertas personas: trasladar un problema de relación con el otro exclusivamente a éste, sin aceptar que la responsabilidad puede residir en él mismo.

El sujeto se construye así una falsa sensación de felicidad, creyéndose inocente y puro, libre de los conflictos que crean los demás con sus deficiencias. Pero si no juzgamos a los otros por lo que «parece» sino por lo que «es», estaremos cumpliendo el deber de honestidad que exige toda búsqueda de la felicidad.

El crepúsculo de los dioses
Mitología nórdica

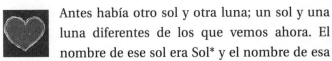 Antes había otro sol y otra luna; un sol y una luna diferentes de los que vemos ahora. El nombre de ese sol era Sol* y el nombre de esa luna era Mani. Pero siempre detrás de Sol y Mani venían los lobos; un lobo detrás de cada uno. Finalmente los lobos alcanzaron y devoraron a Sol y Mani. Y entonces la oscuridad y el frío reinaron en el mundo. (…) En los días en que Sol y Mani fueron derrocados, también lo fueron todos los dioses, excepto Baldur, que había muerto antes de ese tiempo, Vidar y Vali, hijos de Odín, y Modi y Magni, hijos de Thor.

En ese tiempo había también hombres y mujeres en el mundo. Pero antes de que el Sol y la Luna fueran devorados y antes de que los dioses fueran eliminados, ocurrieron cosas terribles en el mundo. La nieve cayó en los cuatro rincones de la Tierra y siguió cayendo durante tres estaciones. Soplaron vientos que lo arrasaron todo. Y los habitantes del mundo que sobrevivían pese a la nieve, el frío, y los vientos, lucharon entre sí, hermano matando a hermano, hasta que toda la población fue exterminada.

También había otra Tierra en ese tiempo. Una Tierra verde y hermosa. Pero llegaron terribles vientos que arrasaron bosques, colinas y personas. Entonces vino el fue-

* En español en el original.

go e incendió la Tierra. Todo se hizo oscuro, porque el Sol y la Luna fueron destruidos. Los dioses se encontraron con su fatal destino, y el tiempo en que pasaron esas cosas fue llamado «Ragnarök» el Crepúsculo de los Dioses.

Entonces aparecieron un nuevo Sol y una nueva Luna, que fueron transitando por los cielos. Eran más encantadores que Sol y Mani, y no los seguían lobos para cazarlos. La Tierra se hizo nuevamente verde y hermosa, y en un profundo bosque que el fuego no había alcanzado, un hombre y una mujer despertaron. Habían sido ocultados allí por Odín, y puestos a dormir durante Ragnarök, el Crepúsculo de los Dioses.

La mujer se llamaba Lif, y el hombre Lifthrasir*. Recorrieron el mundo, y sus hijos y los hijos de sus hijos procrearon los habitantes de la nueva Tierra. Y los dioses que quedaban eran Vidar y Vali, los hijos de Odín, y Modi y Magni, hijos de Thor. En la nueva Tierra Vidar y Vali encontraron unas tabletas escritas por los antiguos dioses, que las habían dejado allí para ellos; tabletas que narraban todo lo que había sucedido antes de Ragnarök, el Crepúsculo de los Dioses.

Y la gente que vivió después de Ragnarök, el Crepúsculo de los Dioses, no tuvo apuros como los que sufrieron los humanos de los tiempos antiguos, por los terribles sucesos que habían provocado la pérdida del mundo y de hombres y mujeres, y que desde el principio habían llevado una guerra contra los dioses.

---

*En español: «Vida» y «Persistencia de la vida» (N. del T.).

Comentario

Las sagas nórdicas, relatos fantásticos que se contaban en los países escandinavos e Islandia desde el siglo X, narran por lo general historias relacionadas con una fantástica mitología pagana. En el caso que aquí comentamos, se narra una compleja cosmogonía de dioses muertos y destrucciones planetarias, en la que una y otra vez los seres humanos se enfrentan a una serie de catástrofes, en un ciclo de hecatombes y restauraciones que lleva finalmente al crepúsculo de los dioses.

¿Dónde está la relación entre estas terribles leyendas y el logro de la felicidad? «Desde luego debemos interpretarlas desde un enfoque simbólico –declaró el Swami–. Una cosmogonía, o relato de la formación del universo, tiene para cada pueblo una historia y un escenario diferente, según la propia experiencia de ese pueblo. En el caso del Ragnarök, los pueblos nórdicos reflejan las terribles dificultades para sobrevivir en un territorio hostil, que no obstante quieren convertir en su hogar.

—Y finalmente lo consiguen, maestro.

—Así es, Brenda. Lo consiguen, siempre a nivel simbólico, cuando nacen un nuevo Sol y una nueva Luna y los dioses sobrevivientes reciben el legado de sus antecesores que vivieron «antes de Ragnarök». Mientras tanto, una pareja que nos recuerda a Adán y Eva recorre el mundo para esparcir la simiente de una nueva humanidad.

Y si te protegen unos astros benévolos, vives en un planeta de fresco verdor que ya no sufre catástrofes, y no tienes rencillas con tus hermanos ni con los dioses, ¿no se parece eso a la felicidad?

VII
El ingenio

«La felicidad consiste en saber unir el principio con el final.»

Pitágoras

Presentación

Los seres humanos hemos sido dotados de una mente que nos permite recordar personas y lugares con detalle, ponernos en el lugar de otro, prever lo que puede ocurrir, imaginar escenas fantásticas o cotidianas, inventar cosas útiles o inútiles, y otras habilidades relacionadas con las capacidades mentales de cada uno.

Las posibilidades de la mente relacionadas con la rapidez y destreza de su funcionamiento se denominan en general «ingenio». Esta característica se emplea mayormente para resolver problemas, salvar situaciones desesperadas, o lucirnos ante nuestros semejantes o idear una forma heterodoxa de abordar un asunto. En muchos casos puede constituir un recurso importante para lograr la felicidad, o en otros nos sirve para disfrutar momentos de alegría.

El perro en el pozo
Anécdota pampeana

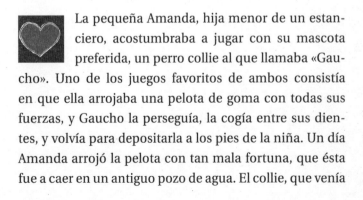 La pequeña Amanda, hija menor de un estanciero, acostumbraba a jugar con su mascota preferida, un perro collie al que llamaba «Gaucho». Uno de los juegos favoritos de ambos consistía en que ella arrojaba una pelota de goma con todas sus fuerzas, y Gaucho la perseguía, la cogía entre sus dientes, y volvía para depositarla a los pies de la niña. Un día Amanda arrojó la pelota con tan mala fortuna, que ésta fue a caer en un antiguo pozo de agua. El collie, que venía

lanzado, no alcanzó a detenerse a tiempo y cayó también dentro del pozo. Desesperada, la niña corrió a asomarse al brocal, llamando a su mascota: «Gaucho, Gaucho, ¿te has hecho daño?». El pozo, que era muy profundo y oscuro, le respondió con un lúgubre silencio.

Amanda, con el corazón oprimido por la aflicción, fue a buscar al capataz y entre lágrimas y suspiros le explicó lo que le había ocurrido al collie. El hombre cogió una linterna del cobertizo, acompañó a Amanda hasta el pozo y se arrodilló al borde para iluminar la negra cavidad. A varios metros más abajo, en el fondo lodoso del pozo, se veía la forma de un perro totalmente inmóvil. El capataz se incorporó, meneó la cabeza, y dijo como para sí: «Parece que está muerto, nomás…».

La niña lanzó un gemido de angustia y corrió hacia la casa. Allí buscó a su padre, lo tomó de la mano, y prácticamente lo arrastró hacia afuera barbotando una entrecortada y lacrimosa explicación. El estanciero se detuvo ante el pozo, se asomó a su interior, y luego se dirigió al capataz:

–Siempre pensé que algún día este pozo nos traería problemas –dijo–. Vamos a taparlo con tierra ahora mismo.

Al oírlo, Amanda se abrazó fuertemente a su padre.

–¡Todavía no, papá! ¡Antes tenemos que sacar a Gaucho!

Los dos hombres se miraron con una taciturna complicidad.

–Es inútil, hija, ese perro está muerto –sentenció el estanciero.

La niña se recostó llorando al borde del pozo. Ahora podía distinguir bastante bien el fondo, iluminado por el sol de mediodía. Mientras tanto el capataz había llamado a uno de los peones, y entre ambos se dispusieron a rellenar con tierra aquel profundo agujero. Al recibir la primera palada Gaucho reaccionó alzando la cabeza. Dos o tres paladas después pudo incorporarse sobre las cuatro patas, y se agitó para quitarse la tierra que le había caído sobre el lomo y el hocico. Amanda asistía entre sollozos y risas a la milagrosa resurrección de su mascota. Ésta siguió sacudiéndose con vigor bajo la lluvia de tierra, para arrojarla lejos de su cuerpo. Esa tierra se amontonaba en el suelo, haciendo que el nivel del fondo fuera elevándose lentamente, con Gaucho cada vez más cerca. El capataz y el peón ya no usaban sus palas solo para tapar el pozo, sino también para que el perro continuara subiendo.

Finalmente Gaucho pudo saltar fuera y correr hacia su pequeña ama, que lo recibió en sus brazos con una gran sonrisa de felicidad.

Comentario

Le recordé a Saraswati que uno de los tópicos occidentales sobre la India era el de las «vacas sagradas»; ¿Ocurría lo mismo con otros animales, como por ejemplo los perros?

—Nuestras creencias y tradiciones nos obligan a proteger a todos los seres vivos —respondió él—, y por supuesto eso incluye a los perros. La actitud de los hindúes hacia esos animales es muy variada: unos los tienen como mascotas domésticas; otros los rechazan a golpes; a muchos les son indiferentes... ¡y en algunas partes del norte han adoptado la costumbre china de comer carne de perro!

—La pequeña Amanda se horrorizaría ante esa costumbre...

—Así es, Brenda. A partir de este relato podemos inferir que esa niña, que ama a los animales, siente un gran cariño por su perro. Y en la narración éste corresponde a su afecto esforzándose por hacer subir el fondo del pozo para seguir viviendo feliz junto a ella.

—Pero entonces, Maestro, ¿el cuento habla de la felicidad de un perro?

—«Gaucho» se siente triste o feliz a su manera, por supuesto. Aunque quien sabe que si él muere no podrá ser feliz es Amanda. Ella es un ser humano, puede recordar el pasado e imaginar el futuro, contrastando ambos tiempos entre sí. Eso hace que su sufrimiento sea más profundo, pero también que sea más perfecta su felicidad.

El pasaporte robado
Testimonio anónimo

«Sólo hay una felicidad en la vida:
La de amar y ser amado.»
George Sand

Un día del año 1922, en la modesta estación ferroviaria de una población rural irlandesa, una bonita joven subió al tren que llevaba a la ciudad portuaria de Cork. Tras consultar rápidamente su billete se dirigió al compartimento que tenía asignado y ocupó su asiento. El joven que se encontraba frente a ella no pudo evitar mirarla con evidente admiración. Al rato él intentó iniciar una conversación, a la que la chica respondió sólo con leves movimientos de cabeza. Era evidente que su educación había incluido la advertencia de no alternar con extraños. El tren continuó su recorrido, con la chica mirando el paisaje y el joven mirándola a ella, embobado por su sereno atractivo. Cuando llevaban casi una hora en ese silencioso cara a cara, el revisor entró en el compartimento y solicitó a los viajeros sus respectivos billetes. Después de controlarlos con cierta displicencia, salió al pasillo para continuar su recorrido de inspección. Pero su presencia había brindado al joven una excusa para insistir en su intento de establecer conversación:

–Sólo lleva un billete de ida… –comentó con aire inocente–. ¿Se va usted a vivir en Cork?

–No… –respondió ella sin dejar de mirar por la ventana.

–Bien, tal vez no ha decidido aún cuándo volverá –conjeturó él.

Ella movió negativamente la cabeza, insinuando una sonrisa.

–No, tampoco es eso –dijo, volviéndose para mirarlo.

«Vamos bien» pensó el joven; ha sonreído, me ha mirado, y ha hablado. Quizá le divierta este juego…

–¡Ya lo tengo! – profirió, dando un golpe con el puño en la palma de la otra mano–. ¿Cómo no lo he pensado antes?

Ella, con un brillo expectante en sus bonitos ojos verdes, murmuró:

–¿Qué es…?

–El motivo más obvio para que una joven viaje a la ciudad sin billete de vuelta –se ufanó el muchacho–. ¡Va usted allí a buscar trabajo!

–¡Oh, no! –exclamó ella, sonriendo ahora abiertamente–. No busco un empleo en la ciudad.

–Entonces me rindo, no puedo imaginar otros motivos…

–Pues es muy sencillo –dijo la joven–. Mi hermana mayor vive en América y me ha invitado a visitarla. Mi barco zarpará mañana muy temprano y quiero asegurarme de no perderlo, alojándome esta noche en Cork, en casa de una tía.

El muchacho disimuló su decepción al ver la sonrisa ingenua de la joven, y ambos iniciaron una conversación intrascendente. En la mirada y la actitud de la chica, él advirtió que la atracción era mutua, y pensó que en otras circunstancias podrían haber vivido un amor intenso y feliz. Lo cual contribuyó a aumentar su desengaño.

–Dicen que esas travesías a América son muy peligrosas. No es muy aconsejable que una joven viaje sola…

–¡Oh, yo no viajaré sola! –exclamó ella–. La agencia de viajes ha organizado un grupo de pasajeros jóvenes, para ofrecerles diversiones y entretenimientos especiales. Estaremos siempre juntos y cuidaremos los unos de los otros.

–Es una gran idea… –dijo él, sintiéndose definitivamente vencido.

–Estaré perfectamente segura –afirmó la joven, en un tono que cerraba la discusión. Luego se arrellanó en el asiento y cerró los ojos, fingiendo que dormitaba. Él pudo así contemplarla a placer, admirando la delicada belleza de su rostro, el fino cuello y las manos de largos dedos delgados reposando sobre el regazo. Sintió que aquella joven le gustaba mucho, muchísimo, y quizá si no se marchara a América podría haber sido el amor de su vida. La chica abrió de pronto los ojos, y pilló al muchacho mirándola embelesado. Él carraspeó para disimular su embarazo y mostró una sonrisa de circunstancia. Ella le devolvió la sonrisa mientras se ponía de pie.

–¿Tendría usted la amabilidad de vigilar un momento mi bolso y mi maleta? –preguntó–. Debo ir al..., bueno, ausentarme...

–Por supuesto, señorita –dijo él–. Vaya usted tranquila, que yo me hago cargo.

Pero cuando la chica regresó, lo encontró recostado en su asiento, plácidamente dormido. Ella meneó la cabeza, resignada, y comprobó que la maleta se hallaba en su sitio y el bolso... ¿Dónde diablos estaba su bolso?

–¡Mi bolso! ¡Me han robado! –chilló, zarandeando los hombros del joven–. ¿Así ha cuidado usted de mis cosas?

–Yo... la verdad..., fue sólo un momento...–balbuceó.

Pero la joven ya no lo oía. De rodillas en el suelo, escudriñaba cada rincón del compartimiento; debajo de los asientos y detrás de los respaldares rebatibles. Mientras tanto el chico miraba a un lado y otro del pasillo, como si el ladrón se hubiera quedado por allí a esperar que él lo descubriera. Un par de minutos después la muchacha oyó que el joven la llamaba. Se incorporó y se giró hacia la puerta, resoplando para apartar un rizo que le caía sobre la frente. Entonces su bonito rostro se iluminó con una sonrisa resplandeciente, al ver al joven sosteniendo con una mano alzada el bolso perdido.

–Estaba tirado frente a la puerta del tocador –explicó, devolviéndole la sonrisa–. A veces los cacos cogen el dinero y arrojan los bolsos, para no ser sorprendidos con éstos encima.

–¡Es usted un ángel! –dijo ella, radiante, reteniendo un momento la mano del chico al recuperar su bolso.

Volvieron ambos a sus asientos frente a frente, con las cabezas muy juntas, para comprobar el contenido del bolso. Y para su sorpresa, no faltaba nada. Allí estaba la cartera con el dinero, y el bonito monedero a juego, el saquito con algunas joyas de cierto valor, sus papeles y documentos, el pasaporte...

–¡No está! –gimió de pronto la chica–. ¡Mi pasaporte! ¡Se han llevado mi pasaporte!

Y revolvió el contenido del bolso, mientras el joven intentaba calmarla. No sin razón, le dijo que teniendo a mano una cartera bastante abultada, nadie escogería robar un pasaporte que sólo sirve a su titular. Pero la joven continuaba inconsolable.

–¡Mi pasaporte...! Sin él no podré viajar a América...

–Quizá el ladrón vio venir al revisor o a otros pasajeros, dejó caer el bolso, y el golpe contra el suelo hizo saltar el pasaporte.

–Muy imaginativo, señor –resopló ella–. Pero entonces, ¿dónde está ahora el pasaporte?

–Sin duda lo recogió otro pasajero, no muy escrupuloso, que decidió no devolverlo.

El joven anunció que hablaría con el revisor, y salió velozmente en su búsqueda. Al encontrarlo, lo acompañó en un recorrido por el convoy, interrogando discretamente a los pasajeros y dirigiendo miradas subrepticias a lo asientos y equipajes.

–Nada que hacer –dijo al regresar–. Nadie ha recogido un pasaporte, o siquiera lo ha visto. Todos parecen buena gente y ninguno titubeó o tuvo una actitud sospechosa.

Ella pareció derrumbarse sobre sí misma, agitada por un llanto silencioso.

–Lo sabía –murmuró–. Sabía que no aparecería... Es absurdo, ¿cómo alguien pudo robar sólo mi pasaporte y no mi cartera con todo el dinero?

El chico se sentó a su lado y le tomó la mano en gesto de consuelo.

–No llore usted, se lo ruego. En Cork podrá conseguir otro pasaporte.

–¡Pero tardarán varios días! –protestó ella entre lágrimas–. No podré viajar en ese barco, y mi hermana esperará inútilmente en el puerto de Nueva York. Pensará que me ha pasado algo...

–Quizá lo de su hermana tenga arreglo. Puede usted escribirle unas líneas explicándole lo ocurrido y prometiendo que viajará en un próximo barco.

Ella lo miró entre las lágrimas, mientra se secaba la nariz con un minúsculo pañuelito. Luego meneó levemente la cabeza.

–¡Vaya una idea! – reprobó–. El barco llegaría antes que la carta...

–No, si mañana vamos al puerto y pedimos a su grupo de jóvenes que lleven su misiva. Bastará con que al desembarcar en Nueva York muestren un cartel con el nombre y apellido de su hermana. Sin duda ella se acercará, y podrán entregarle su mensaje.

La joven pareció serenarse y por primera vez lo miró directamente a los ojos.

–Esa sí es una buena idea... ¿Por qué tiene usted tanto interés en ayudarme? –preguntó con un asomo de coquetería–. Hasta hace unas horas, éramos dos perfectos desconocidos.

–Eh... esto..., es que me siento culpable de haberme dormido en lugar de cuidar sus cosas... ¡Nunca me lo perdonaré!

–Está bien –dijo la chica–. También yo me sentiré mejor si usted me acompaña...

Y al decir esto le tomó ambas manos y le dedicó una luminosa sonrisa. El joven, embelesado y feliz, sintió acelerarse los latidos de su corazón. Justo debajo del bolsillo superior de su camisa, en el que había ocultado el pasaporte perdido.

Comentario de la autora del testimonio

Este relato se basa en un caso real, del que puedo dar fe. La pareja protagonista es la de mis bisabuelos maternos, que contrajeron matrimonio antes de emigrar también hacia América. Hasta hace un tiempo en casa no sabíamos casi nada de mi bisabuela, de la que su hija (mi abuela) apenas hablaba. Algo después de su muerte, hurgando en el desván de la antigua residencia familiar, encontré una caja con el nombre de la bisabuela escrito en la tapa con una delicada caligrafía. Contenía algunos objetos personales, documentos, dos o tres fotografías, y varias cartas liadas con lazo azul. Éstas provenían de parientes o amigos, y comparándolas pude reconstruir la vida de mis bisabuelos como una pareja bien situada y feliz que residió en San Francisco durante varias décadas. Curiosamente, había también una carta de mi bisabuelo a su madre, donde le comunica su próxima boda incluyendo una descripción de la escena del tren, y el truco que había utilizado para retener a su novia. Entre conmovida y divertida, decidí homenajearlos escribiendo esta pequeña historia de amor.

 Comentario de Brenda Barnaby

El problema de esta historia es que el joven enamorado comete un hurto y luego un engaño. ¿Es lícito que usara esos recursos, aunque fuera para conquistar a la joven de sus sueños? Y si fuera así, ¿qué sentido tiene exigir una vida honesta y decente como condición para alcanzar la felicidad? Según expresa la autora del testimonio el joven y su novia sí gozaron de una larga vida de felicidad, a pesar de los trucos empleados por él con ese fin. Y aquí tocamos el meollo del problema; la vieja disyuntiva sobre si el fin justifica los medios. Como toda persona honorable, creo firmemente que no. El uso de triquiñuelas ilícitas o ilegales no puede combinarse con la altura moral y espiritual que debemos mantener para disfrutar de la auténtica felicidad.

La única posibilidad de absolver al joven es que éste escondió el pasaporte con la absoluta decisión de devolverlo, no sería entonces un hurto sino una estratagema temporal para obtener un resultado que sería fundamental en su vida.

El halcón perezoso
(Relato popular de los cetreros)

 Un rico hombre de negocios recibió un extraño regalo de uno de sus clientes. Al quitar el envoltorio, vio que se trataba de una caja, perforada por ambos lados. «Debe ser un animal –se dijo–; quizá un cachorro, un gatito, o una pareja de hamsters». Pero al abrir la caja comprobó con asombro que contenía dos bonitos pichones de halcón. El hombre sabía que esas aves rapaces se utilizaban en un deporte de caza llamado cetrería, lanzándolas muy alto en el cielo para que atraparan en pleno vuelo presas como garzas, patos o palomas.

Pero el desconcertado comerciante no tenía idea de cómo criar y educar a los halcones, y menos aun qué debía hacer cuando llegara el momento enseñarles a obedecerle y a cazar otras aves voladoras. Su mujer, al ver aquellos hermosos ejemplares, le dijo que no podía deshacerse de ellos y que debía contratar un maestro cetrero para que se ocupara de instruirlos en su arte. El hombre hizo un trato con un experto instructor, que visitó cada día a los halcones para ocuparse de su crianza. El de plumaje más oscuro mostró muy buena disposición para el aprendizaje, y cuando llegó el momento de que volara muy alto para cazar a sus víctimas, lo hizo a la perfección desde el comienzo. Mas el otro ejemplar, de plumaje más claro, no se había dignado participar en ningún ejercicio, y se pasaba el día posado en su rama de un limonero del jardín. Pese a las órdenes y trucos del cetrero, los ruegos del mercader, y los voluntariosos intentos de familiares y vecinos, nadie conseguía hacerle levantar vuelo.

En esos días llegó de visita un hermano del comerciante acompañado de su hijo, un chaval de unos doce años. El niño, ante el revuelo del jardín, salió a contemplar la escena. Al enterarse de lo que ocurría estudió durante un momento la situación y luego preguntó al comerciante:

–Tío, ¿qué me darías si yo hago volar a este halcón holgazán?

– Si lo consigues –respondió el hombre–, te regalaré esa bicicleta que tanto deseas.

–Muy bien –dijo el niño–. Pero necesito que todos entréis en la casa, me dejes la llave del cobertizo, y me dejéis solo con el halcón.

Así lo hicieron, y al poco rato el chico los llamó para que salieran. Cuando todos estuvieron en el jardín, vieron en lo más alto del cielo al halcón perezoso haciendo giros y figuras con las alas desplegadas.

–¡Es un milagro! –exclamó comerciante–. ¿Cómo lo has conseguido?

El niño se alzó de hombros y mostró una pequeña sierra manual.

–Simplemente, corté la rama –dijo con una sonrisa.

Dicen los que lo vieron que cuando el niño salía a pasear en su bicicleta nueva, un halcón de plumaje claro lo seguía en vuelo bajo lanzando alegres graznidos.

***

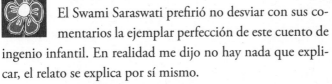

Comentario

El Swami Saraswati prefirió no desviar con sus comentarios la ejemplar perfección de este cuento de ingenio infantil. En realidad me dijo no hay nada que explicar, el relato se explica por sí mismo.

–¿Y cómo influye en la felicidad, Swami?

–Eso también lo debes averiguar por ti misma…

Alzó la cabeza, como en éxtasis, y su mirada se perdió en el cielo, siguiendo las evoluciones de un halcón invisible.

***

Saltando la fila
Oliver Burkeman*

Hoy contaré un caso de auténtica valentía, que no sucedió en una zona de guerra ni en un hospital, sino en la estación Victoria de Londres durante una huelga de metro en el año 2007. Nuestro héroe es un reportero que se describe a sí mismo como «grande, bajo y fornido, con la cabeza rapada», llamado Gareth Edwards. En aquella ocasión formaba con otros viajeros una larga fila sinuosa, que esperaba para coger el autobús que reemplazaba al servicio del metro. De pronto un hombre elegante, con aspecto de atildado ejecutivo, se infiltró tranquilamente en la cola, justo detrás de Gareth (*detrás* de él, esto es importante).

El infractor se mostraba inmune a las educadas protestas de los demás, cuando Edwards tuvo una magnífica idea: se volvió hacia la señora anciana que hacía cola detrás del intruso, y le ofreció que se colocara delante de él. La mujer aceptó y se colocó en su nueva posición. Entonces Edwards repitió la invitación a la persona que había quedado en el lugar de ella, y continuó con los otros 60 ó 70 viajeros que se fueron adelantando, dejando al periodista y al enfurecido rompedor de filas cada vez más atrás. Finalmente arribó el autobus, y Edwards oyó un llamado desde la cabeza de la fila. Era la anciana señora, que le gritó:

–¡Eh, joven! ¿Quiere usted subir delante de mí?

*Artículo publicado en *The Guardian Weekend*, del 28 de agosto de 2010.

Comentario

Este breve texto parece un relato de humor, de esos que ejemplifican el castigo que merecen los tramposos y aprovechados. Iba yo a descartarlo, cuando el Swami detuvo mi mano y lo releyó con detenida lentitud.

–No vale la pena incluirlo, maestro –le dije–. No tiene sustancia y es demasiado corto; aparte de no tener ninguna relación con la felicidad.

– A mí me agrada; creo que el hecho de tratarse de un artículo periodístico, basado en una anécdota real presenciada por el autor, le otorga un sabor distinto. Para comenzar, el fornido Edwards parece disfrutar bastante durante la operación de atraer a todos los viajeros por delante del desaprensivo «colado». El placer resultante es a la vez activamente compartido por la mujer que estaba detrás de Edwards, y en general por todos los pasajeros que aguardaban en fila. Finalmente la mujer, que va la primera para subir al bus, ofrece esa prioridad al artífice de la burla, rescatándolo de la compañía del tramposo y otorgándole el puesto que merece a la cabeza de la fila.

–Todo eso está muy bien, Swami; pero sigue sin tener mucha relación con la felicidad.

–Tal vez sí, Brenda. El camino hacia la felicidad se recorre paso a paso, y un pequeño momento de alegría compartida, que además corrige la desvergüenza de un gamberro, puede ser un buen paso para seguir adelante.

La Casa del Juicio

Oscar Wilde*

 El silencio reinaba en la Casa del Juicio, y el Hombre compareció desnudo ante Dios.

Y Dios abrió el libro de la Vida del Hombre.

Y Dios dijo al Hombre:

–Tu vida ha sido mala y te has mostrado cruel con los que necesitaban socorro, y con los que carecían de apoyo has sido hosco y duro de corazón. El pobre te llamó y tú no lo oíste, y cerraste tus oídos al grito del afligido. Te apoderaste para tu beneficio de la herencia del huérfano, y azuzaste a los zorros a la viña de tu vecino. Cogiste el pan de los niños para dárselo de comer a los perros, y a mis leprosos, que vivían en los pantanos y que me alababan, los perseguiste por los caminos; y sobre mi tierra, esta tierra con la que te formé, derramaste sangre inocente.

Y el Hombre respondió y dijo:

–Sí, eso hice.

Y Dios abrió de nuevo el Libro de la Vida del Hombre.

Y Dios dijo al Hombre:

–Tu vida ha sido mala y has ocultado la belleza que mostré, y has olvidado el bien que yo escondí. Las paredes de tus habitaciones estaban pintadas con imágenes y te levantabas de tu lecho de abominación al son de las

*Oscar Wilde (1854 – 1900). Autor teatral y poeta irlandés.

flautas. Erigiste siete altares a los pecados que me hicieron sufrir, y comiste lo que no se debe comer, y la púrpura de tus vestiduras estaba bordada con los tres signos infamantes. Tus ídolos no eran de oro ni de plata, perdurables, sino de carne perecedera. Bañaban sus cabelleras en perfumes y ponías granadas en sus manos. Ungías sus pies con azafrán y desplegabas tapices ante ellos. Pintabas con antimonio sus párpados y untabas con mirra sus cuerpos. Te prosternaste hasta la tierra ante ellos y los tronos de tus ídolos se han elevado hasta el Sol. Has mostrado al Sol tu vergüenza y a la Luna tu demencia.

Y el Hombre contestó y dijo:

–Sí, hice eso también.

Y por tercera vez abrió Dios el Libro de la Vida del Hombre.

Y Dios dijo al Hombre:

–Tu vida ha sido mala y has pagado el bien con el mal y con la impostura la bondad. Has herido las manos que te alimentaron y has despreciado los senos que te amamantaron. El que vino a ti con agua marchó sediento, y a los hombres fuera de la ley que te escondieron de noche en sus tiendas, los traicionaste antes del alba. Tendiste una emboscada a tu enemigo que te había perdonado, al amigo que caminaba en tu compañía lo vendiste por dinero, y a los que te trajeron amor les diste en pago lujuria.

Y el Hombre respondió:

–Sí, eso hice también.

Y Dios cerró el Libro de la Vida del Hombre y dijo:

–En verdad, debería enviarte al Infierno. Sí, al Infierno voy a enviarte.

Y el Hombre gritó:

–No puedes.

Y Dios dijo al Hombre:

–¿Por qué no puedo enviarte al Infierno? ¿Por qué razón?

–Porque he vivido siempre en el Infierno –respondió el hombre.

Y el silencio reinó en la Casa del Juicio.

Y al cabo de un momento, Dios habló y dijo al Hombre:

–Ya que no puedo enviarte al Infierno, te enviaré al Cielo. Sí, al Cielo te enviaré.

Y el Hombre clamó:

–No puedes.

Y Dios dijo al Hombre:

–¿Por qué no puedo enviarte al Cielo? ¿Por qué razón?

–Porque jamás he podido imaginarme el Cielo en parte alguna –replicó el Hombre.

Y el silencio reinó en la Casa del Juicio.

Comentario

Aparentemente el ingenio del Hombre (o de Wilde) encuentra la forma de desconcertar a Dios. ¿Supone eso que obtendrá o mantendrá un estado de felicidad? No es posible, en tanto ha aceptado todos los terribles pecados de que lo acusa su Creador. ¿Por qué entonces utiliza su ingenio para evitar que Dios lo envíe tanto al Cielo como al Infierno?

Le llevé este dilema al Swami, y este me respondió:

—La solución de tu acertijo es sencilla, Brenda. Hay personas que no pueden soportar pasar toda la eternidad en el Infierno, cuyas torturas conocen muy bien; ni tampoco en el cielo, que «no pueden imaginar en parte alguna» y al que imaginan como una suerte de clínica de reposo.

—Pero aún así quieren ser felices…

—Por supuesto. Buscan entonces un utópico «tercer lugar» donde ser felices sin pagar culpas ni soportar la presencia del Padre.

—El Cielo y el Infierno tampoco existen.

—Claro que no. Ese es el problema con los sitios ingeniosos.

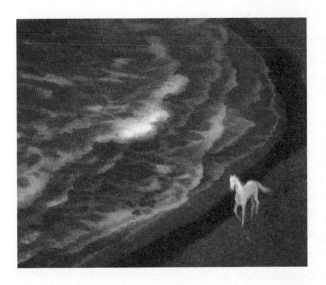

Más allá de *El Secreto*

Aprenda a dominar su mente y desarrolle el poder para transformar su vida mediante la ley de la atracción.

Más allá de El secreto es más que un libro, es una revelación, una oportunidad única de transformar nuestras vidas. Todas las claves del aclamado mensaje de Rhonda Byrne en *El Secreto* son aquí desveladas para que cada uno acceda a su propia vía de superación personal y alcance mayores cotas de éxito y bienestar gracias a un conocimiento adecuado de su poder mental. La autora no sólo va un poco «más allá de El Secreto», sino que pone a nuestro alcance toda su sabiduría sobre las leyes esenciales del mentalismo.

Una de las aportaciones más útiles de esta obra es la recopilación de consejos y métodos de superación personal elaborados por los mejores expertos actuales en pensamiento positivo, presentados aquí de forma sencilla y ordenada. Este libro contiene, sin lugar a dudas, un texto de incalculable valor que puede cambiar su vida si se atreve a profundizar en él para descubrir cómo transformar su vida y cumplir sus mayores deseos.

Encuadernado en tela

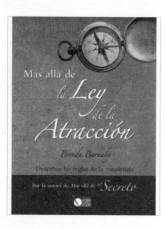

Más allá de *La Ley de la Atracción*

¡Tú puedes alcanzar la abundancia por medio del poder de la atracción!

En este libro encontrarás la forma de aplicar ese poder para obtener todo lo que ambicionas. No se trata de magia ni de esoterismo, sino de la aplicación de ciertas normas científicas que rigen el Universo. Tampoco necesitarás hacer ningún gran esfuerzo para alcanzar la prosperidad y el bienestar que siempre has deseado. Sólo tienes que leer detenidamente cada capítulo, aceptar sus contenidos y seguir sus consejos. La Ley de la Atracción te dará entonces todo lo que le pidas.

La prosperidad, la abundancia, la riqueza, están ya en tu mente. Forman parte de tus energías dormidas, a las que tus actitudes negativas impiden despertar. Debes detectar y erradicar esos pensamientos nocivos con recursos científicos, para que tu mente florezca en ideas positivas y logros personales favorecidos por la Ley de la Atracción.

Encuadernado en tela

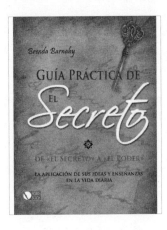

Guía práctica de *El Secreto*

Una guía didáctica para que puedas utilizar las leyes de *El Secreto* en tu vida diaria.
Este manual práctico que tienes entre tus manos supone una oportunidad fundamental para poder cambiar tu vida. Porque su finalidad es dar a conocer los pasos reales que hay que dar para transformar tu vida en positivo, siguiendo la estela que Rhonda Byrne y Brenda Barnaby han marcado en sus best sellers *El Secreto* y *Más allá de El Secreto*.

Se trata de resumir las actitudes y pensamientos que resaltan la importancia de los sentimientos como componente fundamental en nuestra relación con el Universo.

* Visualizaciones y afirmaciones para una vida mejor.
* Cómo alimentar la mente para mantenerse activo y sano.
* Transformarse hacia una personalidad positiva.
* Diseña a conciencia tu futuro.
* Utiliza la imaginación y refuerza tus vínculos afectivos.

Encuadernado en tela

Las historias de *El Secreto*

Las historias de El Secreto reúne un considerable número de testimonios de distintas épocas y culturas que de una forma u otra se refieren a las leyes del Universo, la Ley de la Atracción o el pensamiento positivo.

Oraciones, rezos, súplicas, sueños y esperanzas son algunas de las formas que se han utilizado para solicitar el cumplimiento de un deseo. Todas nacen con el objetivo de poder transformar nuestras vidas y acceder a un nuevo estadio de superación personal.

Brenda Barnaby, la aclamada autora del *best seller Más allá de El Secreto*, recoge en este libro las historias más significativas basadas en el poder de la fuerza de El Secreto y la Ley de la Atracción.

· El poder del Universo y las leyes del Cosmos.
· La Ley de la Atracción y el derecho a pedir.
· Decidir qué es lo que deseamos.
·Visualizar el deseo cumplido.
· No renunciar a nuestros sueños.

Desde el punto de vista de la Ley de la Atracción, ningún deseo es demasiado grande para quien esté dispuesto a conseguirlo. ¡Transformar tu vida y realizar tus sueños está en tus manos!

Encuadernado en tela

Vive el momento

La sabiduría y los consejos de los grandes maestros, a tu alcance.
Vivir el momento es una habilidad que puede aprenderse y nos hace ser más conscientes del presente y de nuestro entorno.

Para comprender que la existencia es hermosa, sagrada, que la existencia es una bendición, un gozo, tendrás que vivir un tipo diferente de vida: una vida sin aplazamientos.

Moonhawk es el nombre espiritual de un autor que vive a caballo entre Oriente y Occidente, que ha dedicado su vida a analizar los problemas del alma y que ahora ha recogido las enseñanzasde autores como Wayne Dyer, Paulo Coelho o Eckhart Tolle y las ha plasmado en este libro.

Un libro de ruta, un camino de descubrimiento interior.

El Camino de Vuelta a Casa es el trayecto más largo que puede realizar un ser humano. Es el reencuentro con uno mismo, la búsqueda interior para hallar nuestra propia esencia… Sentir, escuchar y llegar a identificarse plenamente con ese fragmento del Universo que todos llevamos dentro. Este aprendizaje no tiene otro fin que el de situarse en un estado de apertura, fluidez y conexión profunda. Una expresión de vida que permite que cada uno pueda hacer su propio Camino y así gestionar la abundancia del Amor para emprender con ilusión y confianza la senda de vuelta a casa.